Elisa-Maria Hiemer

Generationenkonflikt und Gedächtnistradierung
Die Aufarbeitung des Holocaust in der polnischen Erzählprosa des 21. Jahrhunderts

Literatur und Kultur im mittleren und östlichen Europa

herausgegeben von Reinhard Ibler

ISSN 2195-1497

1 *Elisa-Maria Hiemer*
Generationenkonflikt und Gedächtnistradierung
Die Aufarbeitung des Holocaust in der polnischen Erzählprosa des 21. Jahrhunderts
ISBN 978-3-8382-0394-2

2 *Adam Jarosz*
Przybyszewski und Japan
Bezüge und Annäherungen
Mit einem Vorwort von Hanna Ratuszna und Quellentexten in Erstübertragung
ISBN 978-3-8382-0436-9

Elisa-Maria Hiemer

GENERATIONENKONFLIKT UND GEDÄCHTNISTRADIERUNG

Die Aufarbeitung des Holocaust in der polnischen Erzählprosa des 21. Jahrhunderts

ibidem-Verlag
Stuttgart

Bibliografische Information der Deutschen Nationalbibliothek
Die Deutsche Nationalbibliothek verzeichnet diese Publikation in der Deutschen Nationalbibliografie; detaillierte bibliografische Daten sind im Internet über http://dnb.d-nb.de abrufbar.

Bibliographic information published by the Deutsche Nationalbibliothek
Die Deutsche Nationalbibliothek lists this publication in the Deutsche Nationalbibliografie; detailed bibliographic data are available in the Internet at http://dnb.d-nb.de.

∞

Gedruckt auf alterungsbeständigem, säurefreien Papier
Printed on acid-free paper

ISSN: 2195-1497

ISBN-13: 978-3-8382-0394-2

Printed in Germany

Vorbemerkung des Reihenherausgebers

Mit Elisa-Maria Hiemers Studie über den Holocaust in Werken der aktuellen polnischen Erzählprosa startet unsere neue Buchreihe, die der gegenwärtigen Forschung zu den Literaturen und Kulturen Mittel- und Osteuropas Raum geben will. Neben Dissertationen, Habilitationsschriften, sonstigen Monographien und thematischen Sammelbänden sollen – wie im vorliegenden Falle – auch hervorragende Masterarbeiten aufgenommen werden, da deren hohe fachliche Kompetenz der wissenschaftlichen Öffentlichkeit leider oft vorenthalten bleibt. Dem räumlich-regionalen Konzept wurde vor einem rein philologischen, z.B. slavistischen, der Vorrang gegeben, um den zahlreichen Verflechtungen, durch welche die Literaturen und Kulturen Ostmittel-, Südost- und Osteuropas sowie des deutschsprachigen Raums geprägt sind, besser entsprechen zu können. Gerade diese vielfältigen wechselseitigen Kontakte, Überschneidungen und Beeinflussungen sollen einen der wesentlichen Impulse für die Reihe bilden. Wie aus Elisa-Maria Hiemers Buch ersichtlich, wird der literarisch-kulturelle Umgang mit dem Holocaust einen wichtigen Themenschwerpunkt bilden, was nicht zuletzt mit unserem in den vergangenen Jahren erfolgreich entwickelten Gießener Projekt zur vergleichenden Erforschung der polnischen, tschechischen und deutschen Holocaustliteratur und -kultur zu tun hat, aus dem diverse Teilvorhaben erwachsen sind. Zu den weiteren Themengebieten, die der Reihe Profil verleihen sollen, gehören die Moderneproblematik, die Gattungsforschung sowie auch Fragen der Ästhetik und Methodologie. In diesem Sinne sind alle Interessierten herzlich eingeladen, mit innovativen und spannenden Projekten zum Erfolg der Reihe beizutragen.

Gießen, im August 2012

Reinhard Ibler

Inhaltsverzeichnis

Inhaltsverzeichnis

1. Einleitung

Der Holocaust als Zäsur in der Menschheitsgeschichte hat auch weit über 65 Jahre nach seiner Beendigung nichts an seinem Einfluss auf gesellschaftliche Entwicklungen verloren: Durch die Erinnerung und die Auslegung der damaligen Ereignisse werden uns in der Gegenwart die Grundlagen für menschliches Handeln wieder verdeutlicht. Die Sicht auf die Vergangenheit fungiert also als Maßstab für gegenwärtige Entscheidungen.

Die Wiederaufnahme und Weiterführung des Themas scheint auch dem polnischen Literaturwissenschaftler Przemysław Czapliński zufolge unabdingbar, da sich die Identität einer Gesellschaft in Friedenszeiten maßgeblich daran ausmache, wie sie den Krieg deute und somit Konflikten unserer Zeit gegenüber trete.[1] Daher sei gerade jetzt eine erneute, natürlich rein metaphorische, ‚Kriegserklärung' der jungen Werke und Autoren notwendig. Aber um Authentizität zu wahren, müssten diese nun auf die übliche, an der Kriegsrealität orientierte Darstellung verzichten und eine symbolische Front erschaffen. Czapliński formuliert es plakativ: „Już bez armat, czołgów, żółnierzy".[2] [3]

Einer ähnlichen Metaphorik bedient sich der Herausgeber des erst kürzlich erschienenen Sammelbandes *Wojna i postpamięć*, Zygmunt Majchrowski. Zur Situation der aktuellen polnischen Literatur über den Holocaust und den Zweiten Weltkrieg erklärt er:

> Toczy się „wojna o pamięć", wojna o kształt obrazu wojny, ale bardziej chyba o sposób funkcjonowania pamięci, tej „niechcianej", stabuizowanej i tej „politycznie niepoprawnej", dyskryminacyjnej, a wreszcie – pamięci swoiście sfolkloryzowanej. W PRL-u był to glównie „swojski" folklor zbowidowski

---

1 Czapliński, Przemysław: *Polska do wymiany. Późna nowoczesność i nasze wielkie narracje.* Warszawa 2009, S. 65.

2 „ohne Geschütze, Panzer, Soldaten." Czapliński 2009: S. 63.

3 Übersetzungen aus dem Polnischen hier und im Folgenden wo nicht anders gekennzeichnet: E.-M. H.

(ZBOWiD, czyli Związek Bojowników o Wolność i Demokracje)[...] Dzisiejsze folkloryzowanie wojennej pamięci ma już charakter popkulturowy lub hobbystyczny, a to oznacza, że ślad funkcjonuje bądź jako gadżet, bądź jako kolekcjonerski fetysz.[4]

Die hier angedeutete Popkultur – gesellschaftliche Erscheinungen, die sich in unterschiedlichen Lebensbereichen niederschlagen – kann anhand eines Auszugs aus der 2010 erschienenen Erzählung *Lata walk ulicznych* von Michał Zygmunt spezifiziert werden:

> W podstawówce bawiliśmy się z kolegami podobnie. Rysowało się kredkami baraki, w tych barakach były kółka, które sybolizowały więźniów, gumką się to wymazywało i rysowało następnych, jak przychodziły nowe transporty. Nie było w tym żadnej agresji czy nienawiści. Nasza popkultura miała właśnie taki kształt [...] Jako dzieciaki mieliśmy do dyspozycji całą wojenną mitologię. Rodzinne historie i PRL-owską rzeczywistość, żeby wymyślać zabawy. Nie ma się co dziwić, że wymyśliśmy obóz koncentracyjny.[5]

Die polnischen Schriftsteller stellen sich seit dem politischen Umbruch 1989 die Frage, worin die neue Realität in der künstlerischen Welt bestehe. Die Antwort scheint zum einen in den sich verändernden Marktgesetzen, zum anderen in der politischen Beteiligung der Menschen und vor allem in

---

4 „Man liefert sich einen ‚Krieg über die Erinnerung', einen Krieg über das Bild des Krieges, aber vielleicht noch eher über die Art des Funktionierens von Erinnerung, dieser ‚ungewollten', tabuisierten und der ‚politisch unkorrekten' und letztendlich – der eigenartig folklorisierten. In der Polnischen Volksrepublik war das vor allem die ‚spezifische' ZBOWiD-Folklore (ZBOWiD, d.h. die Vereinigung der Kämpfer um Freiheit und Demokratie) [...] Die heutige Folklorisierung der Kriegserinnerung besitzt bereits einen popkulturellen oder hobbyistischen Charakter und das bedeutet, dass deren Überbleibsel entweder als Gadget oder als Sammelfetisch funktionieren." Majchrowski, Zbigniew: „Ante portas." In: Zbigniew Majchrowski und Wojciech Owczarski (Hg.): *Wojna i postpamięć*. Gdańsk 2011, S. 9–13, hier S. 12.

5 „In der Grundschule spielten wir mit Freunden ähnlich. Man malte mit Kreide Baracken, in diesen Baracken waren Kreise, die die Gefangenen symbolisierten, mit Kaugummi wurde das wegradiert und die nächsten gezeichnet, wenn neue Transporte ankamen. Darin lag keinerlei Aggression oder Hass. Unsere Popkultur hatte eben genau diese Gestalt. [...] Als Kinder hatten wir die ganze Kriegsmythologie zur Verfügung. Familiengeschichten und die Wirklichkeit der Polnischen Volksrepublik, um uns Späße auszudenken. Man muss sich nicht wundern, dass wir uns ein Konzentrationslager ausgedacht haben." Majchrowski 2011: S. 10.

den sich ändernden moralischen Normen zu liegen.[6] Die daran anknüpfende Frage lautetet demnach: Welche Folgen haben diese Veränderungen auf die gesamte künstlerische Landschaft Polens? Am zuletzt genannten Zitat zeigt sich, dass der Umgang mit dem Holocaust selbst Eingang in das kindliche Spiel gefunden hat und es zeichnet sich ebenso ab, dass die Tradierung des Erlebten nicht ganz frei von politischem Einfluss war. In der Tat stellt aber die in beiden Zitaten erwähnte ‚Unkorrektheit' ein Charakteristikum der Vergangenheitsbewältigung der jüngsten Zeit dar.

Die neue politische Freiheit gibt auch Mythendekonstruktionen und Enttabuisierungen neuen Raum. Die bewusste Auslotung der Grenzen der Zumutbarkeit kann an einem Beispiel aus der plastischen Kunst aufgezeigt werden: Zbigniew Liberas LEGO-Konzentrationslager aus dem Jahre 1996. Der Ikonoklasmus,[7] also die Zerstörung und Demontage von (heiligen) Bildern, funktioniert hier im Sinne einer Fragestellung an den Rezipienten: Darf man den Holocaust mit einer derartigen Banalität darstellen? Hat das Ungewollte, Tabuisierte und politisch Unkorrekte in dieser Debatte einen Platz?

Seit der letzten umfassenden Studie zum Thema – dem von Michał Głowiński herausgegebenen Sammelband *Literatura wobec wojny i okupacji* aus dem Jahre 1976 – haben sich nicht nur die Forschungsfelder erweitert, sondern auch die Bewertung der polnisch-jüdischen Beziehungen während des Zweiten Weltkrieges unterlag verschiedensten Veränderungen. Diese waren meist auf die breite Wahrnehmung medialer Ereignisse zurückzuführen: Jan Błońskis Essay *Biedni Polacy patrzą na getto* (1987) oder Jan Tomasz Gross' *Sąsiedzi* (2000) sollen hier nur als folgenreichste literarische Veröffentlichungen genannt werden.[8]

---

6 Czapliński 2009: S. 21.

7 Feinstein, Stephen C.: „Zbigniew Libera's Lego Concentration Camp: Iconoclasm in Conceptual Art About the Shoah." In: *Other Voices* 1/2000. Online verfügbar unter http://www.othervoices.org/2.1/feinstein/auschwitz.php.

8 Majchrowski 2011: S. 10.

Auch im kinematographischen Bereich wurde in den letzten Jahren verstärkt historischen Stoffen Platz eingeräumt. Dabei fällt jedoch auf, dass Filme, in denen das polnisch-jüdische Verhältnis thematisiert wurde (wie Andrzej Wajdas *Wielki Tydzień* von 1995), weitaus weniger Resonanz fanden, als die Aufarbeitung der Verbrechen des Stalinismus, wie im Jahr 2007 mit *Katyń* geschehen. Im Gegensatz zu allen anderen historischen Sujets „war die Rede über die Verbrechen des Stalinismus sowie die sowjetischen Verbrechen an Polen im Zweiten Weltkrieg sehr starker Ideologisierung unterworfen"[9], sodass deren Aufarbeitung mit besonderer Aufmerksamkeit erwartet und verfolgt wurde.

Maren Röger spricht zu Recht von einer „Überfülle an Geschichte nach 1989",[10] die sich in allen Bereichen künstlerischen Schaffens wieder findet: Nach einer sich zu Beginn abzeichnenden Enthistorisierung der Literatur fand das Gedenken an den Zweiten Weltkrieg wieder Eingang in verschiedenste Werke, aber auch im Bereich der wissenschaftlichen Forschung sind in den letzten Jahren interessante Entwicklungen festzustellen. So kommt der Kindperspektive ein neuer Stellenwert im Zusammenhang mit den erfahrenen Kriegstraumata zu. Hiervon zeugen beispielsweise die Veröffentlichungen von Katarzyna Sokołowska (*I dziś jestem widzem. Narracje dzieci Holokaustu*, 2010) oder Justyna Kowalska-Leder (*Doświadczenie zagłady z perspektywy dziecka w polskiej literaturze dokomentu*, 2009). In diesen Monographien wird insbesondere der Schuldkomplex der Überlebenden thematisiert. Dem gegenüber stehen Sichtweisen jener Kinder, die den Holocaust nur aus Erzählungen der Eltern und Großeltern kennen und dann als Erwachsene – wie auch im zuvor genannten Zitat aus *Lata walk ulicznych* – Geschichte mit naiv-kindlicher Sicht umdeuten. In dem bereits zitierten Sammelband *Wojna i postpamięć* von Majchrowski aus dem Jahr

9 Röger, Maren: „Zwischen nationaler Sinnstiftung, Mythendekonstruktion und Sprachlosigkeit: Geschichtsbilder im polnischen Spielfilm seit 1989." Erscheint in: Schamma Shahadat, Konrad Klejsa und Margarete Wach: *Der polnische Film*. Marburg 2012, 23 Seiten, hier S. 1. An dieser Stelle danke ich der Verfasserin für die Überlassung des Manuskripts.

10 Röger 2012: S. 1.

2011 liegt der Fokus der Forschung vor allem auf der Enthüllung dessen, was entweder im Sinne der Propaganda politisch vereinnahmt oder von der Erlebnisgeneration (un)bewusst verschwiegen wurde.

Nachdem der Zerfall des Ostblockes nun zwei Dekaden zurück liegt, sehen viele Literaturwissenschaftler die Zeit für ein erstes Resümee gekommen. Mit Publikationen wie Przemysław Czaplińskis *Polska do wymiany. Późna nowoczesność i nasze wielkie narracje* (2009) oder Kinga Dunins *Czytając Polskę. Literatura polska po roku 1989 wobec dylematów nowoczesności* (2004) wird aber auch der Frage auf den Grund gegangen, ob man überhaupt von einer neuen Literaturepoche sprechen kann. Beide Beispiele gehen von einer direkten Wechselwirkung zwischen Literatur und Gesellschaft aus und sprechen dabei der Literatur eine gesellschaftsgestaltende Rolle zu, gestehen aber auch ein, dass es aus literaturgeschichtlicher Sicht noch nie so schwierig war die Entwicklungen in der polnischen Literaturlandschaft zu erfassen – zu fragmentarisch, zu zerrissen und oftmals brutal in der Darstellungsweise scheint diese Phase zu sein. Das wirft auch die Frage auf, ob manche Werke aufgrund ihrer Fiktionalität nicht Gefahr laufen, ein Zerrbild der Vergangenheit darzustellen und gleichzeitig keine Worte finden, die Gegenwart zu erfassen. Diesen Sachverhalt drückt Tomasz Kunz mit seinem Aufsatztitel *Rzeczywistość nieprzedstawiona albo o przeszłości pewnego złudzenia*[11] treffend aus.

Zur Klärung dieser und anderer Fragen werden im Rahmen dieser Studie Piotr Pazińskis *Pensjonat*, sein Debütwerk aus dem Jahre 2010, sowie Zyta Rudzkas 2006 erschienenes Buch *Ślicznotka doktora Josefa* behandelt. Es soll diskutiert werden, inwiefern diese Darstellungen es vermögen, die Realität der Gegenwart und die Fiktion der Vergangenheit miteinander zu verbinden.

Zur besseren Einordnung der Werke erfolgt zunächst ein literaturgeschichtlicher Überblick über die Perioden der Aufarbeitung des Themen-

[11] „Die nicht dargestellte Wirklichkeit oder über die Vergangenheit einer gewissen Täuschung."

komplexes Holocaust und Zweiter Weltkrieg. Dabei sollen vor allem narratologische Veränderungen aufgezeigt werden. Aufgrund des geringen Bekanntheitsgrades der Autoren und Werke schließt sich hier eine Vorstellung der Biogramme und Zusammenfassung der Texte an. Durch ergänzende Informationen aus Rezensionen soll auf erste kontroverse Punkte in den Werken hingewiesen werden. Im Kernstück der Untersuchung, der Analyse der Texte, wird im ersten Schritt eine Untersuchung angestrebt, die textimmanente Erscheinungen fokussiert. Beide Werke verfügen jedoch über besondere, textimmanent nicht erfassbare Erzählstrategien, weshalb diesen ein Unterpunkt gewidmet wird. Daneben bringen *Ślicznotka doktora Josefa* und *Pensjonat* in hohem Maße das Problem der antijüdischen Ressentiments zur Sprache. Im Hinblick auf die jüngsten Diskussionen um das belastete polnisch-jüdische Verhältnis erscheint es daher zur Ergänzung sinnvoll, wichtige Aspekte des Diskurses anhand literarischer Beispiele aufzuzeigen.

Zusammenfassend hat die vorliegende Studie das Ziel, eine Antwort auf die Frage zu finden wie die literarische Erinnerung an den Holocaust von der zweiten und dritten Generation weitergeführt wurde. Hierbei wird der Fokus besonders auf die Wahl der literarischen Mittel gelegt. Ebenso soll der Frage nachgegangen werden, inwiefern sich beide Werke in die hier skizzierte Debatte um Tabubrüche und Erinnerungstradierungen einordnen lassen.

2. Zur Aufarbeitung des Holocaust in der polnischen Literatur. Ein literaturgeschichtlicher Überblick

Literarische Aufarbeitungen des Holocaust sind wahrscheinlich in keinem anderen Land derart präsent wie in Polen. Barbara Breysach behauptet gar, dass die polnische Literatur diejenige sei, die sich dem Thema am vielseitigsten und tiefgründigsten gewidmet habe.[12] An dieser Stelle soll ein kurzer Überblick über die Phasen der Holocaustaufarbeitung vorgenommen werden, wobei der Fokus klar auf der Zeit nach 1989 liegt. Hierzu müssen allerdings folgende Tatsachen im Umgang mit diesem Thema berücksichtigt werden:

Jeder Versuch einer literaturgeschichtlichen Darstellung stellt durch die notwendige Auswahl der Werke eine Art Zerrbild dar und kann keinen Anspruch auf Vollständigkeit erheben. Dem entgegenwirken zu wollen erweist sich im Falle der polnischen Holocaustliteratur als besonders schwierig, da hier lange Zeit aus zwei Opferperspektiven gesprochen wurde: Ohne an dieser Stelle bereits auf die Debatte um eine Konkurrenz der Erinnerung polnischer und jüdischer Opfer näher eingehen zu wollen (vgl. hierzu Kapitel 5), sei bemerkt, dass in der Darstellung immer nur einer dieser Perspektiven eine Besonderheit in der polnischen Literatur besteht.[13] Um diese These zu verifizieren, wurden daher Werke hinsichtlich interessanter Erzählperspektiven ausgewählt, um stilistische und narratologische Veränderungen nachzeichnen zu können. Ferner ist festzuhalten, dass (trotz aller Diskussionen um nationale Gedächtnisorte) der Holocaust eine persönliche

[12] Breysach, Barbara: „Intellektuelle Zeugenschaft und die Erfahrung der Überlebenden. Bemerkungen zur polnischen Literatur der Shoah." In: Walter Schmitz (Hg.): *Erinnerte Shoah. Die Literatur der Überlebenden*. Dresden 2003, S. 338–355, hier S. 338.

[13] Tippner, Anja: „‚Existenzbeweise.' Erinnerung und Trauma nach dem Holocaust bei Henryk Grynberg, Wilhelm Dichter und Hanna Krall." In: *Osteuropa* 1/2004, S. 57–74, hier S. 59.

und keine kollektive Erfahrung war.[14] Das Individuum er- und überlebte dies allein, daher ist diese Literatur wie keine andere fragmentarisch, bruchstückhaft und in ihrer Form oft provisorisch und unvollkommen. Allein die schiere Masse an Werken, die dieses Thema zentral behandelt, vermag es dem Leser einen Eindruck von dieser Katastrophe zu vermitteln.[15] Dass hierzu zunächst eine neue Sprache für den Umgang mit dem Trauma gefunden werden musste, diesen Zivilisationsbruch zu thematisieren, führt Leser wie Autoren zu einem neuen Problem: Wie sollte man schließlich künstlerischen Werken, die Ausdruck von Kultur sind, wieder vertrauen, wenn doch die Menschheit auf dem Höchststand von Bildung und Aufklärung derartiges zulassen konnte?

Um diese Fragen herum kristallisierten sich Positionen heraus, die unterschiedlicher nicht sein könnten: So konstatiert Berel Lang, dass nur in einer Chronik der Fakten eine Annäherung an das Geschehene erreicht werden könne,[16] durch die man die Welt der Vergangenheit kennen lernen und zu verstehen beginnen könne. Dem gegenüber stehen Positionen, welche die Literatur nicht im Dienste der Historiographie sehen wollen, sondern auf die Unabhängigkeit und die Freiheit der Form des Kunstwerks verweisen, dessen spezifische ‚Wahrheit' auch zum Großteil aus dem Bild der Wirklichkeit besteht, das der Leser sicht selbst macht.[17] Es scheint selbst keine Einigkeit darüber zu bestehen, ob Schweigen oder Reden der bessere Weg zur Aufarbeitung ist. Einerseits kann nur das, was in den Grenzen unserer Vorstellungen und Sprache verbalisiert wird, überhaupt erst verstanden werden.[18] Andererseits sind manche Vertreter der Erlebnisgeneration, wie der ungarische Literaturnobelpreisträger Imre Kertész, der

---

[14] Kowalska-Leder, Justyna: *Doświadczenie zagłady z perspektywy dziecka w polskiej literaturze dokumentu.* Wrocław 2009, S. 332.

[15] Ubertowska, Aleksandra: *Świadectwo – trauma – głos. Literackie reprezentacje Holokaustu.* Kraków 2007, S. 159.

[16] Ziębińska-Witek, Anna: „Problemy reprezentacji Holokaustu." In: Przemysław Czapliński und Ewa Domańska (Hg.): *Zagłada. Współczesne problemy rozumienia i przedstawiania.* Poznań 2009, S. 141– 154, hier S. 142.

[17] Wie es beispielsweise der polnische Philosoph Roman Ingarden betonte, der sich den Wechselwirkungen von literarischer Wahrheit und Rezeptionsästhetik widmete.

[18] Ziębińska-Witek, Anna: *Holocaust. Problemy przedstawiania.* Lublin 2005, S. 90f.

Auffassung, dass der Holocaust umso unverständlicher würde, je mehr über ihn geredet werde.[19]

Neben dem Verweis auf diese Streitpunkte ästhetischer Natur ist an dieser Stelle auch eine Definition des Forschungsgegenstandes angemessen. Im Folgenden stütze ich mich auf die von Sascha Feuchert ausgearbeitete Beschreibung des Terminus Holocaustliteratur:

> ‚Holocaustliteratur' bezeichnet somit – in einer nahezu tautologischen Formulierung – alle dominant *literarischen* Texte über den Holocaust. Zugrundegelegt wird hierbei zunächst ein weites Verständnis der Metapher ‚Holocaust': Dieses umfaßt *alle* Aspekte der nationalsozialistischen ‚Rassen'- und Vernichtungspolitik gegen *alle* Opfergruppen. [...] Weiterhin wird ein spezifisches Verständnis von ‚literarisch' vorausgesetzt: Es bezeichnet hier Texte, die Geschehen auf *typisch literarische* Weise darstellen, indem sie z. B. Tropen benutzen, auf Archetypen zurückgreifen u.v.m. ‚Typisch literarisch' bedeutet hier auch, daß dabei diese mit der Bezeichnung ‚Holocaustliteratur' erfaßten Werke explizit keinem wissenschaftlichen Anspruch unterliegen, sondern jeweils – im weiteren Sinne – ‚subjektabhängige' Interpretationen des Holocaust sind und keine *wissenschaftlichen* ‚Metatexte'. Zu diesen Texten können neben Tagebüchern und Chroniken, die zur Zeit des Geschehens entstanden, auch Memoiren und Erinnerungen, die nach den Ereignissen von Betroffenen verfaßt wurden, wie auch fiktionale Bearbeitungen (Romane, Gedichte, Dramen) gehören, die den Holocaust zentral behandeln. ‚Fiktional' wird hier verstanden als Bezeichnung für den imaginären beziehungsweise erfundenen Charakter von (einzelnen) Personen und/oder Ereignissen und/oder Orten. Die Verbindung des Autors zum Geschehen, sein Status als unmittelbar Betroffener oder Unbetroffener von den Geschehnissen des Holocaust, spielt eine zentrale Rolle bei der Beurteilung der einzelnen Texte, doch ist diese Verbindung kein exklusives Kriterium für die Zugehörigkeit seines Textes zur ‚Holocaustliteratur'.[20]

Diese Definition stellt eine Synthese der zuvor angesprochenen Problemstellungen dar. Daneben vermag sie es, das Forschungsgebiet nicht nur inhaltlich, sondern auch unter äußeren, formalen Gesichtspunkten klar zu benennen. Ferner verdeutlicht Feuchert noch einmal die Eigenständigkeit lite-

---

[19] Krawczyńska, Dorota: „Literaturoznawstwo wobec piśmiennictwa o Zagładzie." In: Przemysław Czapliński und Ewa Domańska (Hg.): *Zagłada. Współczesne problemy rozumienia i przedstawiania.* Poznań 2009, S. 131–139, hier S. 135.

[20] Feuchert, Sascha: *Oskar Rosenfeld und Oskar Singer: Zwei Autoren des Lodzer Gettos.* Frankfurt am Main 2004, S. 52f.

rarischer Geschichtsbetrachtung von der historiographischen. Entsprechend den hier besprochenen Werken prosaischer Gattung konzentriert sich die nachfolgende literaturgeschichtliche Betrachtung ebenfalls ausschließlich auf Prosawerke.

Als Hauptthema der polnischen Nachkriegsliteratur wurde die literarische Aufarbeitung des Holocaust aufgrund der veränderten politischen Realität in den 1970er Jahren eher marginalisiert, um dann Mitte der 1980er wieder in das Bewusstsein und das Interesse der Leserschaft zurückzukehren. Daher lautet die Einteilung in literaturgeschichtliche Phasen wie folgt: Zuerst wird die Zeit der unmittelbaren Nachkriegsjahre bis zum Einsetzen der Entstalinisierung betrachtet. Der zweite Abschnitt erläutert die Beschäftigung mit dem Thema vor und nach dem März 1968. Als dritten Zeitraum werden die 1980er Jahre gewertet, da sich in dieser Zeit auch klare Umbrüche in der Darstellung erkennen lassen. Der letzte Punkt, der zugleich den Schwerpunkt der Darstellung ausmacht, beschreibt die Literatur des ausgehenden 20. Jahrhunderts an der Schwelle zum 21. Jahrhundert.

2.1 Literatur der unmittelbaren Nachkriegsjahre

In den ersten Jahren nach Ende des Zweiten Weltkrieges kann man eine deutliche Tendenz zur so genannten Testemonialliteratur feststellen. Die Darstellungen beruhen auf authentischen Dokumenten und Gesprächen, wie etwa bei Zofia Nałkowskas *Medaliony* (1946). Die Autorin leiht in ihren Prosaminiaturen verschiedenen Menschen ihre Stimme, so zum Beispiel in *Dno* einer Frau, die die Lebensbedingungen in einer Frauenbaracke beschreibt und an der Last ihrer Erinnerungen beinahe zerbricht. Die Frage nach dem Ursprung menschlicher Abgründe und dem Verhalten des Menschen in Extremsituationen ist zwar zentral, dennoch erlaubt sich der Erzähler in keinem Fall eine Kommentierung des Ganzen. Vielmehr scheint das ‚Zu-Wort-kommen-Lassen' das Hauptanliegen zu sein.

Jerzy Andrzejewski thematisiert mit seinem Roman *Wielki Tydzień* von 1948 als einer der ersten das schwierige polnisch-jüdische Nebeneinander im Zweiten Weltkrieg. Der Autor setzt dabei eine sensible Betrachtung aus zwei Blickwinkeln an: Zum einen wird anhand eines neben der Ghettomauer stattfindenden Jahrmarktes die Existenz des Ghettos auf eine banale Alltäglichkeit reduziert. (Hierbei wird unter anderem auf das Karussell auf dem Warschauer Plac Krasińskich angespielt, das in der polnischen Literatur als Symbol für die Beschreibung dieser Perfidie gelten kann, wird es zunächst 1945 bei Miłoszs *Campo di Fiori*, aber auch Jahrzehnte später bei Szczypiorskis *Początek* von 1986 erwähnt.)[21] Mit der Hauptgeschichte, in der eine Jüdin Zuflucht bei einer polnischen Familie findet, wird zum anderen jedoch auch versucht Existenzängste und Nöte auf beiden Seiten darzustellen.

Neben eher klassischen Erzählhaltungen wie dem extradiegetischen Erzähler hier (der erneut auf Kommentierung verzichtet), vermischen sich bei Tadeusz Borowskis Erzählsammlung *Kamienny Świat* (1948) die Rolle des Autors, des Erzählers und des Hauptcharakters. Um dem Unvorstellbaren ein Gesicht zu geben, wählt Borowski eine Sprache, die den Leser einzig durch ihre provokativ-drastische Färbung schlichtweg überwältigt. Die literarische bewusst undokumentarische Darstellung von etwas wie einer KZ-Normalität ist derart radikal, dass gerade hierdurch wieder ein Entfremdungseffekt hervorgerufen wird – was wahrscheinlich eine Grundeigenschaft aller Holocaustwerke der frühesten Periode ausmacht,[22] in der in erster Linie versucht wird, Mechanismen der Dehumanisierung auf verschiedene Weise zu erklären. Somit stellt die Narrationsstrategie Borowskis bis heute einen Wendepunkt für die künstlerische Aufarbeitung der Kriegsthematik dar: Autoren distanzieren sich entweder von ihr, oder gebrauchen sie als Grundlage für weitere experimentelle Erzählvorgänge.[23] Ein pol-

---

[21] Auch die Betitelung von Thomas Szarotas Sammelband *Karuzela na Placu Krasińskich. Studia i szkice z lat wojny i okupacji* (Warszawa 2008) verdeutlicht diesen Sachverhalt noch einmal.

[22] Ziębińska-Witek 2005: S. 114.

[23] Wolski, Paweł: „Proszę Państwa na Umschlagplatz. Narrator Borowskiego a

nisch-jüdischer Autor dieser Phase ist Adolf Rudnicki, der in seinen Erzählungen oft mittels Beschreibung religiöser Symbole das kulturelle Leben der Juden zu beschreiben versucht. Dabei erzeugt die Verwendung der Perspektive ‚Wir' ein Zusammengehörigkeitsgefühl, was im Vergleich zu den sonst individuellen Standpunkten eine Neuheit darstellt (zum Beispiel in der Erzählung *Wielkanoc* aus dem Erzählband *Żywe i martwe morze* von 1952). Mit den einsetzenden politischen Umbrüchen ändern sich auch die Anforderungen seitens des Staatsapparates an die Literatur. Es sollen demzufolge Werte vermittelt werden, die eine Art moralisches Asyl, aber auch Grundlage für einen Neuanfang darstellen. Von der Literatur, die zuvor auch eine hohes Maß an Hilflosigkeit angesichts der erst kürzlich erfahrenen Gräuel thematisierte, wird nun erwartet, auf Weltbilder zu rekurrieren, deren Prägung aus der Zeit der polnischen Romantik stammt. Mit Rekursen auf die Gründungsmythen der polnischen Nation soll einmal mehr der Glauben an den Neubeginn des polnischen Staates bestärkt werden.[24] In der Liberalisierungsphase des Kulturlebens nach Stalins Tod reagieren viele Autoren auf diese staatlich erwünschte Haltung mit einer Art innerer Emigration. Aber auch Reflexe aus der Zwischenkriegszeit, in der vor allem das Individuum und der psychologische Roman im Vordergrund standen, gewinnen wieder an Aktualität. Es scheint also, als begibt sich die polnische Literatur in den ersten Jahren nach Kriegsende einerseits auf die Suche nach einer neuen Literatursprache, die alleine die (bedauernswerte) Einzigartigkeit des Themas erfordert, und knüpft andererseits gleichzeitig an Vorheriges an. Neben den Kriegserfahrungen mit den Deutschen werden vor Einsetzen der Zensur aber auch Themen wie die Lagererfahrungen in Russland verarbeitet, wovon Józef Czapskis *Na nieludzkiej ziemi* (1949) zeugt. Festzuhalten bleibt jedoch, dass gerade nach Stalins Tod allgemeine

---

współczesne przekształcenia polskiej dyskuzji wokół doświadczenia wojny." In: Arleta Galant und Inga Iwasiów (Hg.): *20 lat literatury polskiej. Idee, ideologie, metodologie*. Szczecin 2008, S. 251–265, hier S. 251.

24 Kaniewska, Bogumiła: „Proza lat 1939-1956." In: Anna Skoczek (Hg.): *Historia literatury polskiej. Tom IV: Literatura współczesna*. Warszawa 2008, S. 143–157, hier S. 144ff.

Reflexionen über die Entstehung von Totalitarismen (z. B. mit Miłoszs *Zniewolony umysł*, 1953) das Primat der literarischen Erinnerung an den Holocaust angreifen.

2.2 Literatur und Politik: Tauwetter und der März 1968 als Zäsur

Diese einsetzende Entwicklung bedeutete aber nicht, dass das Thema als solches aus dem Bewusstsein der Autoren verschwindet. Während sich in der unmittelbaren Nachkriegsphase vor allem jüdischstämmige Autoren des Themas annehmen, schreiben in den folgenden Jahren immer mehr nicht-jüdische Schriftsteller über die Erlebnisse des Krieges. Teils geschieht dies in sehr politkonformer Manier, was die klischeehafte Darstellung der westdeutschen Figur in *Dancing w kwaterze Hitlera* (1966) von Andrzej Brycht beweist.

Als Hauptstimme der jüdischen Schriftsteller Polens darf Henryk Grynberg gelten, der mit seinem noch in Polen entstandenen Buch *Żydowska wojna* (1965) die Holocaustliteratur in den 1960er Jahren entscheidend prägt. Die Erzählung ist autobiographisch motiviert und schildert die Flucht des Ich-Erzählers in eine Welt, in der Verrat und Rettung, Glück und Unglück dicht beieinander liegen und gleichzeitig die jüdische Welt um ihn herum immer kleiner wird.[25] Somit konfrontiert der Autor den Leser mit unbequemen Fragen wie der nach dem Platz des jüdischen Bevölkerungsteils in der polnischen Gesellschaft nach 1945. Tatsächlich kann man von einer Art Novum sprechen, da es bis dato vermieden wurde, dem polnischen Leser diese und andere Fragen zu stellen: Die Rückkehr der Juden in die polnische Gesellschaft wird mit dem Befreiungsmoment 1945 postuliert und somit das weitere Schicksal in den meisten Darstellungen ausgeblendet.[26] Grynberg ist auch der Erste, der das Genre der autobiographischen

---

[25] Tippner 2004: S. 62.

[26] Quercioli-Mincer, Laura: „„Nie będziemy się więcej bać ludzi‘? Powrót po Zagładzie w literaturze polsko-żydowskiej.“ In: *Kwartalnik Historii Żydów* 2/2007,

Fiktion ausbaut, indem er einerseits versucht, sich nicht zu sehr mit der Erzählerstimme zu identifizieren, andererseits durch viele Randbemerkungen den Leser dazu veranlasst, Analogien zwischen dem Leben des Autors und dem des Erzählers zu suchen. Man kann seine Bücher also auf zwei unterschiedliche Weisen lesen, als Zeugnis und als Erzählung.[27]

Der Einfluss Grynbergs zu dieser Zeit auf die nachfolgenden Autoren ist auch deshalb recht hoch, da ihm die Veröffentlichungen im Exil und die Verbreitung im literarischen Untergrund, dem *drugi obieg*, auch Darstellungsfreiheit garantiert. So zeigt der Autor insbesondere mit seinen Werken der 1970er Jahre auf, dass eine Gleichstellung polnischer und polnisch-jüdischer Intelligenz in der Volksrepublik Polen nur auf dem Papier existiert und warnt davor die Shoah der Juden mit dem Schicksal anderer Bevölkerungsgruppen gleichzusetzen. Sein oft zitierter Ausruf *Ludzie Żydom zgotowali ten los*[28] macht darauf in plakativer Weise aufmerksam.[29]

Betrachtet man jedoch weitere wichtige Veröffentlichungen aus der Zeit vor 1968, die innerhalb der Landesgrenzen publiziert wurden, so ist festzustellen, dass sich durch die erneut einsetzende Repressionspolitik des Generalssekretärs Władysław Gomułka die meisten Autoren zu Reflexionen über das Schriftstellertum gezwungen sehen und damit oft den Unglauben in die propagierte Weltordnung zum Ausdruck bringen. Der mangelnde Glaube der Menschen an einen gerechten Staat kommt vor allem im Posener Juni 1956 zum Ausdruck und setzt sich in den Folgejahren fort.[30]

S. 199–225, hier S. 201f.

27 Quercioli-Mincer 2007: S. 214.

28 „Menschen haben Juden dieses Schicksal bereitet.“

29 Nasiłowska, Anna: *Literatura okresu przejściowego*. Warszawa 2006, S. 76f.

30 In Poznań kam es am 28. Juni 1956 zum ersten und auch massivsten antikommunistischen Aufstand der Nachkriegszeit, dessen Ursprung nicht nur in ökonomischer Unzufriedenheit, sondern vor allem in der Ablehnung allem Sowjetischen gegenüber lag. Die blutige Niederschlagung, aber auch die Radikalität des Aufstandes veränderten das politische Klima der polnischen Tauwetterperiode. Da der Aufstand Wellen im ganzen Land schlug, strebte die Politik vor allem im kulturellen und wissenschaftlichen Bereich zunächst Lockerungen der Zensur und Zugeständnisse an die Meinungsfreiheit an, die allerdings nach kurzer Zeit wieder relativiert wurden. Vgl. hierzu Machcewicz, Paweł: *Der Posener Juni und der polnische Oktober 1956.* Online verfügbar unter http://www.zeitgeschichte-

W latach sześćdziesiątych zaczął się proces [...]. Proces na jaki nikt nie zwrocił wtedy uwagę, tak był spontaniczny i arefleksyjny: obywał się całkowicie bez programów i wynurzeń pisarzy. Myślę o zjawisku, które można by nazwać emigracja wyobraźni. Emigracja w przeszłość albo wrecz w zmyślenie. Literatura buduje sobie własną – całkiem nieoficjalną, chociaż niekoniecznie opozycyjną – ojczyznę, zbudowaną z prowincji i środowisk, które dotąd mało zajmowały pisarzy. [...] Pisarze zdaja się mówić [...]: Mieszkamy w innej Polsce niż ta oficjalna. Mieszkamy przede wszystkim pamięcią. Rodzinną, zaczepioną o wspomnienia, ale także historyczną czy intelektualną.[31]

Diese im Zitat angesprochene Imaginierung Polens und die Reflexionen über den Zustand des Landes finden Ausdruck in Romanen mit historischem Bezug, wenngleich es selbst Literaturhistorikern schwer fällt eine Quelle für diese Tendenz auszumachen. Dieser eklektische Charakter der polnischen Literatur der späten 1960er Jahre ist gekennzeichnet durch Rückgriffe auf das Zeitalter der Dekadenz: Die Lust am Untergang und der Provokation halten wieder Einzug in alle Genres und drängt den Holocaust als literarisches Sujet an den Rand. Außerhalb der Staatsgrenzen wurde Marek Hłaskos *Piękni dwudziestoletni* (1966) zum Symbol des Aufstandes einer ganzen Generation, während Tadeusz Konwicki mit seinem Roman *Wniebowstąpienie* (1967) innerhalb des Landes für Aufruhr sorgte. Hierin entwirft der Autor das surrealistische Bild eines Warschaus, in dem soziale Randgruppen wie Trinker, Diebe, Prostituierte, aber auch das ganz alltägliche Leben in all seiner Trägheit, Langmut und Melancholie vorkommen.

---

online.de/portals/_ungarn1956/documents/machcewicz _posen.pdf.

31 „In den Sechziger Jahren begann ein Prozess [...] Ein Prozess, dem damals niemand Aufmerksamkeit schenkte, so spontan und unreflektierend war er: Er ging völlig programmlos und ohne Bekenntnisse von Schriftstellern vonstatten. Ich denke an jene Erscheinung, die man Emigration der Vorstellung nennen kann. Eine Emigration in die Vergangenheit oder geradewegs in das Erfundene. Die Literatur erschafft sich ihr eigenes – völlig inoffizielles und dennoch nicht unbedingt konträres – Vaterland, das aus Provinzen und Mileus erschaffen wurde, die bis dahin die Schriftsteller wenig kümmerten. [...] Die Schriftsteller scheinen zu sagen [...]: Wir wohnen in einem anderen Polen als dem offiziellen. Wir leben vor allem mit dem Gedächtnis. Mit dem familiären, in Erinnerungen feststeckenden, aber auch dem historischen oder intellektuellen.“ Błonski, Jan: „Bezładne rozważania starego krytyka, który zastanawia się, jak napisałby historię prozy polskiej w latach istnienia Polski Ludowej.“ In: *Teksty Drugie* 1/1991, S. 5–24, hier S. 16.

Typisch für die Zeit ist wieder die autobiografische Erzählhaltung, deren Hauptmerkmal eine unbändige Wut gegen die gegenwärtigen Verhältnisse in Polen ist.

Wenngleich, wie bereits angedeutet, Literaturgeschichten nur eine Auswahl an Werken erfassen können, so finden sich unter den wirklich bekannt gewordenen Werken zur Holocaustliteratur nur jene Grynbergs, welche nicht in Polen entstanden sind, denn dort galt es vorrangig auf die politischen Veränderungen zu reagieren.

Als erstes Zwischenergebnis kann darauf hingewiesen werden, dass die polnische Literatur ihre hohe Wertschätzung für dokumentarische Darstellungsarten wie sie in den unmittelbaren Nachkriegsjahren populär waren (beispielsweise der Zeugenbericht oder das faktographische Erzählen bei Artur Sandauer), langsam aufgibt. Der Umgang mit der durch die Zäsur des Weltkrieges begründeten „neuen ethischen Empfindsamkeit“[32] stellen nach 20 Jahren keine Überforderung mehr da, sodass man sich auch fiktionalen Erzählstilen gegenüber öffnet. Der thematische Schwerpunkt verschiebt sich allerdings zugunsten zeitgenössischer, sozialpolitischer Probleme – eine Tendenz, die sich vor allem in den 1970er Jahren weiter verstärkt.

Die politischen Vorgänge, das heißt die Repressalien gegen das Kulturleben in Polen stehen im Gegensatz zum wirtschaftlichen Aufschwung, den das Land vor allem zu Beginn der 1960er verzeichnet, sodass die erste Hälfte von Gomułkas Amtszeit einem großen Teil der Bevölkerung oft positiv in Erinnerung verbleibt. Nach den Pogromen gegen jüdische Intellektuelle 1968, die die nahezu gesamte Ausreise der jüdischen Bevölkerung aus Polen nach sich zog,[33] erscheint es nur als logisch, dass auch in der Li-

---

[32] Nasiłowska 2006: S. 76.

[33] Unter den so genannten Märzereignissen des Jahres 1968 sind verschiedene Erscheinungen zu verstehen, vor allem werden mit diesem Begriff die antijüdische Kampagne unter Władysław Gomułka sowie die Studentenproteste zusammengefasst. Um das Wiedererstarken des Antisemitismus in dieser Zeit zu verstehen, muss man sich die politische Situation jener Zeit vergegenwärtigen: Nach Ausbruch des Sechstagekrieges 1967 veränderte sich die Haltung der kommunistischen Führung gegenüber den im Lande lebenden Juden erheblich: Sympathiebekundungen mit Is-

teratur der Ton verschärft wird: Aktuelle Themen wie die geistige Unfreiheit, aber auch der sich anbahnende Staatsbankrott durch Rückzahlungen der Fremdkredite, aus denen der vermeintliche Wohlstand erwuchs, treffen die Gesellschaft tief. Um der Zensur zu entgehen wählen einige Autoren die Verlegung der Handlung in längst vergangene Zeiten, was beispielsweise Andrzej Szczypiorski in *Msza za miasto Arras* (1970) beweist. Auch düstere Zukunftsvisionen werden von Autoren wie Konwicki weiter bedient. Sein wohl bekanntestes Werk aus dem Jahre 1979, das unter anderem durch die augenfälligen religiösen Allegorien skandalträchtig erscheint, trägt bereits den Namen *Mała apokalipsa*.

Die zweite Auffälligkeit in der Literaturwelt nach dieser gesellschaftspolitischen Zäsur von 1968 ist die Wiederbelebung des ‚jüdischen Themas'. Hanna Krall eröffnet mit ihrem Buch *Zdążyć przed Panem Bogiem* (1977) erzähltechnisch neue Perspektiven: Hier liegt eine Interviewsituation mit dem Ghettoüberlebenden und Teilnehmer des Warschauer Aufstandes Marek Edelman vor, in welche Szenen aus dessen Memoiren *Getto walczy* (1945) eingeflochten werden. Die Interviewerin tritt aber in ihrer gesprächleitenden Rolle zurück und gibt somit dem Erinnernden Raum und Zeit, seine Sicht erneut darzulegen. Sicherlich zeugt dieses Verfahren da-

---

rael wurden als antisowjetisch betrachtet, denn während des Konfliktes brachen alle Staaten des Warschauer Paktes, bis auf Rumänien, ihre diplomatischen Beziehungen zu Israel ab. Im Rahmen der von der Sowjetunion geforderten Solidarität mit dieser Linie, hielt Gomułka am 19. April 1967 eine Rede, in der er Juden zum Feindbild der Nation auserkor und sie als „Fünfte Kolonne" betitelte. Durch eine medial unterstützte antijüdische Hysterie wurden Juden aus fast allen Bereichen des öffentlichen und kulturellen Lebens entlassen. Dabei war die Zuschreibung, wer Jude sein sollte, sehr willkürlich. Oftmals reichte es aus, sich auf Beobachtungen zu stützen, laut denen die betroffene Person sich über den Sieg Israel gefreut habe, sich in einen jüdischen Bekanntenkreis bewege oder eine besonders hohe Position in der Berufswelt erlangt hatte. Im Jargon der 1960er Jahre, wurde mit dem polnischen Wort für Jude gemeinhin auch ein Intellektueller bezeichnet, somit richteten sich die Aktionen vermehrt auch gegen nichtkonforme Publizisten, Autoren und Studentenvertreter. Es ist unklar, wie viele Personen das Land daraufhin verließen. Die Angaben schwanken zwischen 13000 und 20000, was bedeutete, dass sich die Anzahl der jüdischen Bürger in Polen um ein bis zwei Drittel verringerte. Vgl. hierzu: Kosmala, Beate: „‚Die jüdische Frage' als politisches Instrument in der Volksrepublik Polen." In: Beate Kosmala (Hg.): *Die Vertreibung der Juden aus Polen 1968*. Berlin 2000, S. 49–64 sowie Eisler, Jerzy: *Rok 1968*. Warszawa 2006, S. 88-140.

von, dass sich mit wachsendem zeitlichem Abstand zu den Geschehnissen auch die Art der Erinnerung ändert. Hierbei gilt es zu bedenken, dass die Zahl der Augenzeugen abnimmt, jedoch die Zahl der Verarbeitungen des Aufstandes steigt. Edelmans wiederholte Schilderungen können mit dem Bestreben erklärt werden, ein möglichst unverfälschtes Bild bewahren zu wollen. Die Tradierung der Erinnerung ist hier demnach, wenn auch indirekt, Thema. Ein weiterer ehemaliger Gefangener des Warschauer Ghettos, der seine Erinnerungen literarisch aufarbeitet, ist Bogdan Wojdowski. Im Jahr 1971 erscheint mit *Chleb rzucony umarłym* ein umfangreicher Roman, der vor allem den psychologischen Veränderungen des Menschen in Gefangenschaft gewidmet ist. Die sequenzartige Komposition erweckt den Eindruck, als sollten besonders Details wieder in das Bewusstsein rücken. Insofern kann auch Kralls Veröffentlichung (und ebenso andere stark faktografische Literatur wie Kazimierz Moczarskis *Rozmowy z katem*, 1972–74) als Antwort auf diese immer stärker werdende Fiktionalisierung der Erinnerung gesehen werden, die einem Bedürfnis des Lesers nach Authentizität („potrzeba autentyku“[34]) gerecht werden.

2.3 Wiederentdeckung des Themas in den 1980er Jahren

Die bisher dargestellten Werke verbindet ein wichtiger Aspekt: In ihnen erscheint der polnische Bevölkerungsteil meist als mitleidender Zuschauer bei den Gräueltaten, der jüdische Bevölkerungsteil als Opfer. Ferner werden die deutschen Besatzer oftmals als anonyme Täter ohne individuelle Züge dargestellt, sowie das heroische Bild des polnischen (und jüdischen) Aufständischen genährt. Diese schematische Darstellungsweise wird in den 1980er Jahren grundlegend überdacht: Als medienübergreifendes Großereignis kann Claude Lanzmanns Film *Shoah* (1985) gesehen werden, in dem der Regisseur alle beteiligten Gruppen erzählen lässt. In gewisser Weise ist

[34] Kaniewska, Bogumiła: „Nurt żydowski w prozie polskiej po roku 1956.“ In: Anna Skoczek (Hg.): *Historia literatury polskiej. Tom IV: Literatura współczesna.* Warszawa 2008, S. 476–488, hier S. 483.

das ‚Zu-Wort-kommen-Lassen' der Täter- und Mitläuferseite eine Wende in der Aufarbeitung, die sich auch in der polnischen Literatur niederschlägt. Daher verwundert es wenig, dass vor allem Mitte der 1980er Jahre eine ganze Fülle derartiger Erzählungen und Romane auf dem Buchmarkt erscheint: Hanna Krall setzt die Beschäftigung mit dem Thema Holocaust in *Sublokatorka* (1985) fort und berichtet hierin von ihren eigenen Erfahrungen als jüdische Untermieterin unter falschem Namen. Ein Jahr später erscheint Szczypiorskis Roman *Początek,* der ihm international zu Berühmtheit verhalf. Vor allem die sensible Darlegung der Psyche des deutschen Kommandanten Stuckler wirkt in ihrer Neuartigkeit zunächst verstörend – ebenso wie die zahlreichen im Buch dargestellten Kontroversen (antisemitische oder kollaborierende Polen stehen neben polonophilen Deutschen und einer offenen Kritik am März 1968), die diesen Querschnitt durch die polnische Psyche an manchen Stellen recht oberflächlich machen. 1988 legt Jarosław Marek Rymkiewicz mit *Umschlagplatz* das zweite Buch vor, das auf zwei zeitlichen Ebenen spielt. Hier bedient sich der Autor zweier Stimmen: in der Zeit des Krieges jener der Figur Itzhak Mandelbaums und im gegenwärtigen Polen einer Stimme, die der des Autors nahe steht. Beide Positionen fragen nach der Passivität der eigenen Landsleute. Spätestens seit Jan Błonskis Essay *Biedni Polacy patrzą na getto* (1987) wird diese Frage auch auf journalistische Weise diskutiert. Der deutliche Paradigmenwandel wurde alsbald auf gesellschaftlicher und wissenschaftlicher Ebene wahrgenommen und intensiv reflektiert.

Die Öffnung der polnischen Literatur für eine zusehends fiktionalere Darstellungsweise lässt sich schon alleine durch den Generationenwechsel nicht abwenden: Mit Piotr Szewc und Paweł Huelle treten zwei Autoren in Erscheinung, die deutlich nach Kriegsende geboren wurden. Um über den Holocaust zu schreiben, müssen sie zwangsläufig auf eigene Vorstellungskraft und Überlieferungen zurückgreifen. Ebenfalls im Jahr 1987 veröffentlicht Huelle seinen Debütroman *Weiser Dawidek,* in dem der einzige jüdische Junge im Dorf nach seinem Verschwinden zur Mystifikationsfigur wird, der die anderen Kinder mit Faszination und Angst zugleich begegnen.

Der unsichere und von Vorurteilen geprägte Umgang mit ihm spiegelt zugleich die Herangehensweise an das Thema Judentum wieder, wie sie typisch für jene Generation war, die im Sozialismus groß wurde. Diesem Roman steht Piotr Szewc Mikroerzählung *Zagłada* gegenüber, die eine absurde Ruhe und Normalität im (Zusammen-)Leben im polnisch-jüdisch geprägten Zamość in einer Geschwindigkeit und Fragmenthaftigkeit darstellt, die das Werk zuweilen wie eine Abfolge von Momentaufnahmen erscheinen lässt. Dies steht im Kontrast zu der das Werk durchziehenden, befremdlichen Ruhe, die maßgeblich durch den Wissensvorsprung des Lesers gegenüber den Charakteren entsteht, die noch nichts vom Ausbruch des Zweiten Weltkrieges ahnen.

Das Aufbrechen der eher schematischen Darstellung der Polen als Opfer oder mildtätige Retter und das erweckte Interesse der Literatur am polnisch-jüdischen Zusammenleben fasst der Literaturhistoriker Przemysław Czapliński wie folgt zusammen:

> Dominująca w latach osiemdziesiątych [...] opowieść o tym, co z nami zrobiła historia, opowieść o złu, które wyrządziły nam nazizm i komunizm, powoli ustępuje narracjom, które, nie negując win Niemców i Rosjan, usiłują opowiedzieć o tym, co robiliśmy sobie nawzajem – jak wyglądały relacje sąsiedzkie w czasie wojny i tuż po niej.[35]

2.4 Neudefinition und ‚postmemory'. Die Zeit nach 1989 bis zur Gegenwart

Mit dem Niedergang des Kommunismus fallen auch die Gebote und Verbote, nach denen sich Autoren in heiklen Fragen wie der Geschichtsdeu-

[35] „Die dominierende Erzählung in den Achtziger Jahren […] über das, was die Geschichte uns angetan hatte, die Erzählung über das Böse, das uns der Nazismus und der Kommunismus zugefügt hatten, trat langsam hinter Narrationen zurück, die, ohne die Schuld der Deutschen und der Russen zu verneinen, versuchten, davon zu erzählen, was wir uns gegenseitig angetan hatten – wie die Nachbarschaftsbeziehungen während der Kriegszeit und direkt danach aussahen." Czapliński 2009: S. 102.

tung richten mussten. Was also bringt das erste Jahrzehnt der völligen Meinungs- und Darstellungsfreiheit an literarischen Werken diesbezüglich hervor, besteht doch nun beispielsweise die Möglichkeit der Neudefinition historisch belasteter Verhältnisse zu den Nachbarstaaten?

Hierbei ist zunächst auffällig, dass der polnische Buchmarkt, wie in vielen postsozialistischen Staaten auch, zusammenbricht: Traditionelle Verlagshäuser müssen schließen und das Leserverhalten ändert sich zu Gunsten ausländischer Literaturen, zumal die Polnische selbst keinen Standpunkt zu den äußeren Umbrüchen bezieht. Diese Erscheinung verwundert zunächst angesichts der sonst recht gesellschaftskritischen, reflektierenden polnischen Literatur: Anstatt großer gesellschaftspolitischer Themen wenden sich Schriftsteller vorwiegend der eigenen Identifizierungs- und Identitätssuche zu, die sich möglichst von Kollektividentifizierungen mit dem Schicksal des Landes abheben soll.[36]

In dieser Reaktion ist eine ablehnende Haltung zu erkennen, allerdings ist die Tatsache, dass der neu entstandene polnische Staat kaum zum Gegenstand der Literatur wurde (und es auch nicht werden musste) ebenfalls ein Teil der neuen Freiheit. In der Forschung wird daher die Frage stark diskutiert, ob 1989 wirklich eine Zäsur für einen Umbruch in der Literatur darstellt, oder vielmehr nur den Willen nach Umbruch?[37] [38] Wenn man Umbruch und künstlerische Freiheit auch im Sinne einer pluralistischen Darstellungsweise und Experimentierfreudigkeit definiert, könnten diese als Hauptcharakteristika der Literatur der 1990er Jahre gelten:[39] Die Land-

---

[36] Kunz, Tomasz: „Rzeczywistość nieprzedstawiona albo o przeszłości pewnego złudzenia." In: Dariusz Nowacki und Krzysztof Uniłowski (Hg.): *Dwadzieścia lat literatury polskiej 1989-2009. Tom 1.* Katowice 2010, S. 13–26, hier S. 24.

[37] Legeżyńska, Anna: „Literatura polska po roku 1989 wobec uniwersum tradycji." In: Bogusław Bakuła (Hg.): *Transformacja w kulturze i literaturze polskiej 1989-2004.* Poznań 2007, S. 11–51, hier S. 18.

[38] Nasiłowska, Anna: „Literatura po 1989 roku – Czy czas na podsumowania?" In: Dariusz Nowacki und Krzysztof Uniłowski (Hg.): *Dwadzieścia lat literatury polskiej 1989-2009. Tom 1.* Katowice 2010, S. 53–60, hier S. 58.

[39] An dieser Stelle sei darauf hingewiesen, dass in den ersten drei bis vier Jahren nach Ende des Sozialismus in der Tat eine Art Sprachlosigkeit der Literatur angesichts der neuen Realität festgestellt werden konnte. Nach Wolfgang Schlott schien es

flucht, das heißt die Wiederentdeckung der polnischen Peripherie in den Werken eines Andrzej Stasiuk (*Opowieści galicyjskie*, 1995) oder einer Olga Tokarczuk (*Prawiek i inne czasy*, 1996), stellt auch eine Antwort auf das Konsumverhalten dar, das vor allem das Gesicht der Großstädte änderte. Überhaupt scheint das Konzept des kulturellen Raumes einen wichtigen Aspekt der Identitätssuche der Gegenwart darzustellen: Die Rekonstruierung (fiktiver) Familiengeschichten findet nicht selten im Spannungsfeld ehemals multiethnischer Regionen und Orte statt. Hier seien die Publikationen von Paweł Huelle (*Opowiadania na czas przeprowadzki*, 1991) oder Stefan Chwin (*Haneman*, 1995) erwähnt. Am Beispiel von Danzig wird hier das Mit- und Nebeneinander von Deutschen und Polen vor dem Zweiten Weltkrieg beschrieben. Zugleich wird durch die Verwendung der Kindperspektive auch eine naive Faszination von ‚den Deutschen' und ihren meist materiellen Hinterlassenschaften deutlich. Diesem neuen Aspekt in der Auseinandersetzung mit den Nachbarn wird sich durch die kindliche Sichtweise vorsichtig genähert und damit Kritikern, die hierin eine Verunglimpfung sehen könnten, eine potentielle Angriffsfläche entzogen. Gleichzeitig veranlasst der versöhnliche und vorurteilsfreie Blick durch Kinderaugen den erwachsenen Leser zur Reflexion. Doch nicht nur das Thema der deutsch-polnischen Beziehungen vor dem Zweiten Weltkrieg und die Diskussion um deutsches Kulturerbe auf heute polnischem Boden sind Gegenstand des literarischen Diskurses. Auch der Holocaust wird wieder thematisiert. So erinnert Joanna Wiszniewiczs *A jednak czasem miewam sny* (1996) im Aufbau an Kralls *Zdążyć przed Panem Bogiem*, da auch hier eine Interviewsituation mit einem ehemaligen Aktivisten des Warschauer Aufstandes vorliegt.

---

keine „Sprache für die Unberechenbarkeit der Welt" zu geben, in der sich die polnische Gesellschaft mit einem mal befand. Nach Versuchen der Imitation westeuropäischer Kulturlandschaften in den Werken und der Überwindung des Funktionsverlustes von Erzählliteratur fand die polnische Literatur Mitte der 1990er zu sich selbst zurück. Vgl. hierzu Schlott, Wolfgang: *Polnische Prosa nach 1990. Nostalgische Rückblicke und Suche nach neuen Identifikationen.* Münster 2004, S. 26f., 37.

Auffallend ist ab Mitte der 1990er Jahre, dass einige Augenzeugen in recht hohem Alter ihr allererstes Zeugnis über die Kriegszeit ablegen. Hierzu zählen zum Beispiel Wilhelm Dichters Roman *Koń Pana Boga* (1996) oder Roma Ligockas *Dziewczynka w czerwonym płaszczyku* (2002 erschienen als Übersetzung des zwei Jahre zuvor veröffentlichten deutschen Titels *Das Mädchen im roten Mantel*), die ebenfalls wieder mit der (eingeschränkten und zugleich offenen) Sicht des Kindes offen legen, dass die Grenze zwischen Verfolger, Verfolgtem und Zuschauer fließend waren. Es scheint, als solle das Thema gerade aufgrund der neuen, schnelllebigen Realität wieder in das Bewusstsein zurückgeholt werden. Neu ist allerdings, dass mit der Jahrtausendwende auch immer mehr literarische Zeugnisse von Frauen veröffentlicht werden. Dies schließt auch Töchter der Shoah-Überlebenden mit ein und eröffnet (neben dem Genderaspekt) so eine weitere Kategorie der Erinnerungsliteratur über den Holocaust – denn die zeitliche Distanz muss nun durch die emotionale ausgeglichen werden, beziehungsweise ist dieser gegenübergestellt.[40]

Die Perspektiven, aus denen Erinnerung geschieht, werden zusehends vielfältiger: Mit dem Terminus ‚postmemory' von Marianne Hirsch ist mitnichten gemeint, dass das Präfix *post* das Ende der ursprünglichen Erinnerung anzeigt, sondern eher das Weitererinnern einer primären Erinnerung mit einem distanzierten und kritischen Blickwinkel, der medialer Transmissionsstrategien bedarf:

> Postmemory describes the relationship that the generation after those who witnessed cultural or collective trauma bears to the experience of those who came before, experiences that they ‚remember' only by means of the stories, images, and behaviours among which they grew up. But these experiences were transmitted to them so deeply and affectively as to *seem* to constitute memories in their own right. Postmemory's connection to the past is thus not actually mediated by recall but by imaginative investment, projection, and creation.[41]

[40] Ubertowska, Aleksandra: „Die Shoah anders erzählt. Autobiographische Zeugnisse von Frauen in der polnischen Literatur." In: Magdalena Marszałek und Alina Molisak (Hg.): *Nach dem Vergessen. Rekurse auf den Holocaust in Ostmitteleuropa nach 1989*. Berlin 2010, S. 197–218, hier S. 208f.

[41] Hirsch, Marianne: „The Generation of Postmemory." In: *Poetics Today* 1/2008, S.

Hirsch zählt zu den so genannten mnemonischen Strategien vor allem Fotografien, die es vermögen, den Holocaust in seiner Andersartigkeit und lähmenden Totalität ansatzweise zu erfassen: Angesichts der Tatsache, dass sich die Vergangenheit nur noch in Wortfragmenten wiedergeben lässt,[42] ist die symbolische und ikonische Kraft der Bilder nicht zu unterschätzen. Die hier behandelte Erzählung *Pensjonat* orientiert sich an dieser Vorstellung ebenso wie Marek Bieńczyks *Tworki* (1999), unter der Voraussetzung, dass Bild hier auch im übertragenen Sinne verstanden wird: Die Umgebung des Hauptschauplatzes, einer einst real existenten Nervenheilanstalt im Zweiten Weltkrieg, evoziert das *Bild* eines Garten Eden und gleichzeitig werden die geschichtlichen Ereignisse im Buch fast ausgeblendet, sodass die Welt aus nichts anderem zu bestehen scheint, als der erwähnten Anstalt.[43] Dort, wo die eigene Erfahrung fehlt und Worte das Imaginierte nicht zu beschreiben vermögen, bedient sich der Autor eben der *bild*haften Sprache.

Die Vergangenheit ist Neuinterpretationen gegenüber also wieder offen, sodass polnische Autoren ihre Sprachlosigkeit überwinden und insbesondere die jüngere Autorengeneration den Versuch unternimmt, „sich in die psychomentalen Strukturen der merkwürdigen hybriden staatssozialistischen Gesellschaft mit ihren Defiziten, Freiräumen und Repressionsmechanismen hineinzudenken."[44] Dem komplizierten Verhältnis zu Russland wird – wenn auch nur hintergründig – zum Beispiel im Roman *Wojna polsko-ruska pod flagą biało-czerwoną* (2002) von Dorota Masłowska auf provokative Weise begegnet.

Zusammenfassend kann man für die neueste Literatur zum Thema Holocaust folgende These formulieren: Neben einigen späten Zeugnissen der Erlebnisgeneration verursacht der natürliche Lauf der Zeit die Übernahme

---

103–128, hier S. 106f.

42 Kaniewska 2008: S. 486.

43 Molisak, Alina: „Figures of Memory. Polish Holocaust Literature of the ‚Second Generation.'" In: Dorota Glowacka und Joanna Zylinska (Hg.): *Imaginary Neighbors. Mediating the Polish-Jewish Relations after the Holocaust.* Lincoln/London 2007, S. 205–222, hier S. 215f.

44 Schlott 2004: S. 9.

und das Hüten der Erinnerung durch die zweite oder bereits dritte Generation. Diese bedient sich rekonstruktiver Verfahren und Techniken der Ersetzung und Komplementierung von entstandenen Lücken des Gedächtnisses. Bei all der Beschäftigung mit dem Bewahren der Erinnerung und der Geschichte scheint es jedoch, dass gerade die drohende Verwischung der Spuren das Hauptthema der neueren Literatur darstellt.[45] Die Bedeutung des Einzelschicksals mit all seinen Widersprüchen steht klar im Fokus, was sie von den frühen Erinnerungen moralisch-appelativen Charakters unterscheidet. Wie sich nun die beiden ausgewählten Werke in diese Diskussion fügen, ist Gegenstand der beiden folgenden Kapitel.

[45] Marszałek, Magdalena: „Anamnesen. Explorationen des Gedächtnisses in der gegenwärtigen polnischen Literatur und Kunst (eine intermediale Perspektive)." In: Magdalena Marszałek und Alina Molisak (Hg.): *Nach dem Vergessen. Rekurse auf den Holocaust in Ostmitteleuropa nach 1989*. Berlin 2010, S. 161–179, hier S. 163.

3. Zusammenfassungen der Werke und Biogramme der Autoren

Da es sich bei dieser Untersuchung um einen ersten Versuch handelt, die literarische Aufarbeitung des Holocaust anhand im 21. Jahrhundert erschienener Werke darzulegen, sind die hier behandelten Erzählungen sowie deren Autoren eher unbekannt. Im Folgenden sollen daher die Biogramme Zyta Rudzkas und Piotr Pazińskis skizziert und im Anschluss hieran eine Inhaltsangabe beider Bücher gegeben werden. Polnische und (im Falle von *Ślicznotka doktora Josefa*) deutsche Pressestimmen werden angeführt, um auf erste kontroverse Punkte hinzuweisen, die in der späteren Analyse aufgegriffen werden.

3.1 Piotr Paziński – *Pensjonat*

Piotr Paziński, 1973 in Warschau geboren, studierte Philosophie und veröffentlichte neben seiner Dissertation zu James Joyces *Ulysses* noch einen daran anknüpfenden literarischen Reiseführer im Jahre 2008. *Pensjonat* stellt sein erstes und bis jetzt einziges Prosawerk dar, für das er 2009 auch für den prestigeträchtigen NIKE-Preis nominiert wurde, der an das beste polnische Werk des Jahres (vorrangig Romane) vergeben wird. Er arbeitet als Chefredakteur bei *Midrasz*, einer Warschauer Zeitung für zeitgenössische jüdische Kultur. Deshalb tritt er im öffentlichen Leben als gern gesehener Gesprächspartner in polnisch-jüdischen Fragen auf, wovon zahlreiche Zeitungsinterviews zeugen. 2011 wurde er auch auf das internationale Literaturfestival nach Berlin eingeladen, was nach dem heutigen Kenntnisstand die erste größere Wahrnehmung seines Buches („[ein] Roman über eine untergehende Welt“[46]) auf deutschem Boden darstellt.

[46] Internationales Literaturfestival Berlin: *Piotr Paziński.* Online verfügbar unter http://www. literaturfestival.com /teilnehmer/autoren/2011/piotr-pazinski.

Die Motivation zu seinem Debütwerk kann in seiner eigenen Kindheit gesehen werden, so stellt es der Autor selbst zumindest in Gesprächen dar. Als Kind verbrachte er die Sommerferien stets in einem jüdischen Gästehaus namens Śródborowianka im 30 km südöstlich von Warschau gelegenen Otwock. Dieses existiert bis heute und ist nun der Gesellschaft für jüdische Kultur in Polen unterstellt.

> Przyznaje, że napisał ‚Pensjonat' wspominając z nostalgią te dziecięce wakacje, ale i z poczucia obowiązku wobec ludzi, których już nie ma. – Zbierałem się do tej pisaniny długo, a zacząłem robotę, pierwsze notatki kilka lat temu, kiedy umarła ostatnia przyjaciółka mojej babci, z grubsza będąca pierwowzorem powieściowej pani Teci. Wtedy zorientowałem się, że nie mam kogo więcej pytać.[47]

In der Tat schlägt sich die Mischung aus persönlichen Erinnerungen und fiktionaler Erzählung im Aufbau des Werkes nieder. Das Buch beginnt mit der Reise des Ich-Erzählers an den Ort seiner Erinnerungen, auf welcher bereits zahlreiche Rückblenden in Kindheitstage vorgenommen werden. Im Ferienhaus angekommen verursacht sein Erscheinen zunächst Verwunderung, doch alsbald nimmt sich Frau Tecia (die im obigen Zitat erwähnte Freundin der Großmutter des Autors) seiner an. Gleichzeitig fordert der Ich-Erzähler aber auch keine Gespräche heraus, sondern wirkt im gesamten Buch passiv und begnügt sich mit einer beobachtenden Haltung, die meist durch eine recht einfache, kindliche Sprache gekennzeichnet ist: So fällt sehr häufig die Aussage „bałem się"[48] (z. B. Paziński 2010: 29, 34, 132).[49]

---

47 „Er gibt zu, ‚Pensjonat' mit nostalgischen Rückblicken auf diese Kinderferien geschrieben zu haben, aber auch aus dem Verantwortungsgefühl gegenüber den Leuten, die nicht mehr da sind. – Ich plante die Schreiberei lange und ich begann die Arbeit, die ersten Notizen, vor einigen Monaten, als die letzte Freundin meiner Großmutter, das dickere Original von Frau Tecia aus der Erzählung, starb. Damals wurde mir klar, dass ich niemanden mehr fragen kann." Kęczkowska, Beata: *Pensjonat zapamiętany przez dziecko.* Online verfügbar unter http://warszawa.gazeta.pl/warszawa/1,34861,6810473,Pensjonat_zapamietany_przez_dziecko.html#ixzz1Dx8qInsy.

48 „Ich fürchtete mich."

49 Zur besseren Zuordnung der Zitate und der Übersichtlichkeit halber wurde bei Verweisen auf die polnische Primärliteratur das Harvard-System verwendet.

Oft klärt sich erst bei der zweiten Lektüre mit welcher seiner Stimmen der Erzähler hier spricht – eine auf den ersten Blick beabsichtigte Vermischung von Erzählebenen, die letzten Endes gar nicht realisiert wird, ist eine Besonderheit dieser Erzählung. Denn zumeist dominiert die erwachsene Erzählstimme.

Der thematische Schwerpunkt verschiebt sich allerdings zugunsten gegenwärtiger sozialer Probleme. Der Ich-Erzähler begegnet einer Atmosphäre, die einerseits von Zusammenhalt innerhalb der jüdischen Gemeinschaft gekennzeichnet ist, da man sich mit der Sonderrolle, das letzte Glied einer Generationenkette zu sein, abgefunden hat. Andererseits provoziert diese Mischung zwischen nüchterner Realitätserkennung („– Będą młodzi – wycedził. – Dobrze. Niechaj będą, niech nigdzie nie jadą. Zostaną, nie będą Żydami, na co im to?“[50], Paziński 2010: 121) und Schwelgen in Erinnerungen an vormals bessere, kulturell vitalere Zeiten unter den Bewohnern Debatten um die eigene Identität, Religion und Politik. Dies drückt ein starkes Verlangen nach der Definierung des eigenen Ichs aus. In der Erzählung kommt dem Leiter der Pension eine eher negative Rolle zu. Die Arbeit mit den alten Menschen und die daher erforderliche Nachsicht lassen ihn gereizt erscheinen, was sich vor allem in Disputen um die jüdische Religion zeigt, von welcher er sich gänzlich abwandte. Dem Individuum kommt in einer solch kleinen Gemeinde eine verhältnismäßig große Rolle zu und somit erreichen einzelne Meinungsäußerungen fast die Tragweite eines Postulats einer ganzen Generation. Eingebettet in eine Umgebung, die für Nichtwissende schwer zugänglich und nahezu unauffindbar ist, leben die hochbetagten Damen und Herren mit ihren ganz eigenen Ängsten und Schicksalen, die sie untereinander aber nicht zu teilen imstande sind. Dies ist die zweite, eher deprimierend wirkende Seite der Erzählung: In dieser geriatrisch gelähmten Welt stellt das Auftauchen des Ich-Erzählers, der zu keinem Zeitpunkt des Buches einen Namen erhält, eine Veränderung dar,

50 „– Es werden junge kommen – sagte er mit Nachdruck. – Gut, sollen sie kommen, sollen sie nirgends hinfahren. Sie werden bleiben, sie werden keine Juden sein, wozu?“.

denn nun scheint die passende Person gefunden, an die man die eigene Lebenserfahrung und Lebensansichten weitergeben, gar loswerden kann – ohne von dieser bewertet oder verurteilt zu werden. Davon zeugen auch die zahlreichen namentlichen Erwähnungen von längst Verstorbenen, derer oft nur mit ein paar Zeilen und dennoch mit großem Nachdruck gedacht wird.

Besonderes Interesse wird der durch Visualisierungen hervorgerufenen Erinnerung gewidmet. So wird zum Beispiel anhand von Postkarten, gesammelten Zeitungen, alten Rechnungen und Telefonbüchern eine Geschichte um die jeweiligen Gegenstände herum konstruiert. Einerseits eröffnet dies die Möglichkeit eines lebhaften Erinnerns, welches sich im Buch oft in fabulierenden Ausführungen der Senioren ausdrückt. Andererseits signalisieren diese Reliquien vergangener Zeiten auch die Nicht-Zugehörigkeit des Ich-Erzählers zur Vergangenheit, was durch die Befremdetheit verdeutlicht wird, mit der er manchen Gegenständen begegnet. Das Beiwohnen an den alltäglichen hitzig geführten Diskussionen über den Fortbestand jüdischen Lebens in Polen verunsichert ihn zusehends und das melancholische Bild, das die letzten wenigen Juden an diesem Ort abgeben, veranlasst ihn alsbald zur Heimreise. Das Buch endet überraschenderweise jedoch damit, dass die Hauptfigur von Herrn Jakub in ein entlegenes Waldstück geführt wird. Auf einer Lichtung befinden sich alle Personen, die der Erzähler zuvor auf Bildern und durch Postkarten kennen lernte. Warum sie sich nun dort befinden, ist nicht erklärt und auch das Gebet, das Herr Jakob im Namen aller Anwesenden spricht, ist in seiner Auslegung rätselhaft:

> Panie Boże, przerwij już lepiej całkiem ten łańcuch okaleczonych pokoleń! Przerwij i skończ, weź mnie i tamtych z powrotem do siebie. Weź nas pod skrzydła twojej obecności i tam utul, żebyśmy zasnęli szczęśliwi w spokoju i żeby nie nawiedzały nas nocne koszmary. I niechaj zostaniemy włączeni w węzeł życia wiecznego.[51] (Paziński 2010: 134)

---

[51] „Herr Gott, trenne besser ganz diese Kette der verstümmelten Generationen. Trenne und beende sie, nimm mich und die dort zurück zu Dir. Nimm uns unter den Flügel Deiner Existenz und tröste uns dort, damit wir glücklich und in Frieden einschlafen, und dass uns nachts keine Alpträume heimsuchen. Mögen wir verbunden bleiben durch die Bande des ewigen Lebens."

Bedenkt man die abgelegene Lage in einem Waldstück, so bekommt die ganze Szenerie einen konspirativen Charakter. Zudem unterbricht die Gebetsform den doch eher gleichmäßigen Erzählfluss des Buches. Die direkte Aufforderung an Gott, die Gemeinde zu sich zu holen und sie somit von ihrem Seelenunfrieden auf Erden zu erlösen, lässt vermuten, dass die Senioren ihr Leben an dieser Stelle gemeinsam beenden wollen. Das eben genannte Zitat ist demnach Ausdruck eines Lebensüberdrusses und Missmutes, des Einsehens mit dem erlittenen Schicksal nicht zu Recht gekommen zu sein und der gleichzeitigen Hoffnung, nach dem Tod diese irdischen Traumata hinter sich lassen zu können. Auf diese Äußerung hin erfolgt die unerwartet emotionale Reaktion des Erzählers, der aussagt, zu ihnen kommen zu wollen, was von den Alten mit Ablehnung beantwortet wird. Letztendlich begibt er sich doch auf den Weg zum Bahnhof, sodass offen bleibt, was mit der Gruppe Senioren schlussendlich geschieht.

3.2 Zyta Rudzka – *Ślicznotka doktora Josefa*

Die 1964 in Warschau geborene Absolventin der Psychologie debütierte 1991 mit ihrem Roman *Białe klisze*, für den sie diverse Auszeichnungen erhielt. Hierbei geht es um eine Familienerzählung, bei der die Autorin einen Geschlechterkampf provoziert: Frauen werden einzig und allein durch die Bezeichnung Mädchen oder Frau näher in ihrem Alter definiert, ihnen werden jedoch keinerlei Namen zugeordnet. Dies ist den im Roman auftretenden männlichen Figuren vorbehalten.[52] Auffallend für ihre Erzählprosa ist die ungewöhnliche Situierung der Handlung, beziehungsweise der große Stellenwert, der der räumlichen Situierung der Handlung ihrer Werke zukommt und der oft mit psychologischen Gesichtspunkten verbundene Stoff: Geht es in dem eben genannten Buch um den Ödipuskomplex, so spielt *Uczty i głody* (1995) zum einen im antiken Ägypten und zum anderen im

[52] Łebkowska, Anna: *Empatia. O literackich narracjach przełomu XX i XXI wieku.* Kraków 2008, S. 43.

heutigen Italien und *Pałac cezarów* (1997) in Südafrika.[53] Dem jüdischen Thema näherte sie sich erstmals mit dem Roman *Mykwa* (1999), jedoch benutzt sie das titelgebende jüdische Tauchbad eher als Kulisse, vor der sie sich in gewollt lyrischer, sinnlicher Sprache Themen wie Vorbestimmung und Mystifizierungen von Liebe widmet. Die jüdische Symbolik wird also nicht, wie vielleicht zu erwarten, zu einer folkloristischen Szenerie ausgebaut. Stattdessen wird die Verbindung zur Körperlichkeit, die hier bereits im Titel angelegt ist, genutzt, um erneut die Mann-Frau-Beziehung zu reflektieren. Die Infragestellung des eigenen Platzes in der Gesellschaft seitens der Frauen kann als eines der Hauptthemen in Rudzkas Werk gesehen werden.[54]

So gesehen ist *Ślicznotka doktora Josefa* thematisch eine Synthese aus allen vorangegangenen Büchern: Thematisiert werden hierin pathologische Störungen, die Analyse psychopathologischer Verhaltensmuster, Judentum, Körperkult, ebenso wie zwischengeschlechtliche Beziehungen und das eher noch marginalisierte Thema Liebe im Alter. Ebenso gewöhnungsbedürftig dürften die zwei Raum-Zeit-Ebenen sein, in denen die Erzählung spielt: Zum einen wird der Alltag der Senioren in einem Wohnheim geschildert. Zum anderen beleuchten Rückblenden die traumatische Kindheit der beiden Schwestern Leokadia und Czechna als Versuchspersonen im Konzentrationslager Auschwitz.

Das Buch beginnt unvermittelt mit der Schilderung einer Episode in Doktor Josefs Versuchsraum, in dem sein Blick mit unverhohlener Begeisterung auf der damals zwölfjährigen Czechna haften bleibt. Der Kontrast ihrer Schönheit zu den missgebildeten Kindern, die alsbald als menschliche Exponate dienen werden, ist zunächst genauso frappierend, wie der darauf folgende Wechsel in die Szenerie des Altenheims, in dem sich bevorzugt besser gebildete Warschauer Senioren niederlassen. Im Prinzip bilden die Schilderungen des Heimlebens den Haupterzählstrang, in welchem die At-

[53] Instytut Adama Mickiewicza: *Zyta Rudzka.* Online verfügbar unter http://www.culture.pl/baza-literatura-pelna-tresc/-/eo_event_asset_publisher/eAN5/content/zyta-rudzka.

[54] Czapliński 2009: S. 298.

mosphäre von einer eher heiter dargestellten senilen Unbekümmertheit bis hin zu ernsthaften Auseinandersetzungen mit den einzelnen Lebensschicksalen der Bewohner gezeichnet ist. Dabei ist auffällig, dass vor allem die Monotonie im Heim alltagsbestimmend und -strukturierend ist, was bestimmte Heimbewohner wie Frau Benia durch die unablässige Wiederholung eines Satzes zum Ausdruck bringen: „A chcesz być pochowana czy spalona?“[55] (z. B. Rudzka 2006: 146, 152, 183). Das Leben ist also auf das Ende hin ausgerichtet, der Tod scheint das alles bestimmende Thema zu sein. In dieser Atmosphäre der Langsamkeit und Eintönigkeit, aber auch des schwarzen Humors und des Langmuts werden unvermittelt Fragmente eingestreut, die das Schicksal der Schwestern Czechna und Leokadia beschreiben. Diese wurden von ihren Eltern im KZ als Zwillinge ausgegeben, um hierdurch das Forschungsinteresse Doktor Josefs zu wecken und somit die Überlebenschancen der Mädchen zu erhöhen. Die milden, ja fast verständnisvollen Schilderungen Czechnas bezüglich Doktor Josef, der erst spät im Buch namentlich als der Lagerarzt des Vernichtungslagers Auschwitz, Josef Mengele, enttarnt wird, wirken verstörend, da sie die psychopathologische Bindung an seine Person offenbaren. Verglichen mit den erlebten unmenschlichen Qualen ist Czechnas Umgang mit dieser Vergangenheit ungewöhnlich, da sie die Fixierung auf ihren Körper auch im Alter nicht loswerden konnte: Ihre Schönheit war und ist ihr Kapital, was sie auch nach wie vor gerne ihren männlichen Verehrern im Heim kundtut.

Dem gegenüber steht die Sprachlosigkeit ihrer Schwester Leokadia, die es bevorzugt diese Zeiten zu verdrängen. Gleichzeitig manifestiert sich das Trauma in einer lebenslangen Essstörung und damit einer weiteren Form des Körperkultes. Es werden demnach Portraits zweier Frauen gezeichnet, die nach dem Zweiten Weltkrieg ihre Erfahrungen nicht mitteilen konnten, nicht mitteilen wollten und deren Andeutungen verhallten und nicht verstanden wurden: Die die körperliche Integrität verletzende Erfahrung im KZ war für das Eheleben der Schwestern folgenschwer. Während sich

[55] „Und du, willst du beerdigt oder verbrannt werden?“ Rudzka, Zyta: *Doktor Josefs Schönste*. Zürich 2009, S. 145, 168, 202.

Czechna permanent vor den Berührungen ihres Mannes fürchtet, so versucht Leokadia im hohen Alter unter den Senioren eine Ersatzfamilie zu finden, da in ihrer Ehe körperliche und psychische Gewalt kein Ende nahmen.

Doch sind es nicht nur die Rückblenden in die Jugendjahre der Schwestern, die dem Leser den Holocaust vor Augen führen. Es sind auch gewisse Parallelen zwischen der Organisation des Heimlebens und der eines Lagers festzustellen: Beispielsweise herrscht der Heimleiter unbarmherzig über seine Senioren, die ihm, seinen willkürlichen Aktionen und vor allem seinen gehässigen, beleidigenden Anmerkungen ausgeliefert sind, die meist ihre altersbedingten körperlichen Gebrechen betreffen. Während einer Hitzeperiode im Hochsommer lässt er absichtlich die Wasserhähne abdrehen, eine von den Bewohnern ins Leben gerufene Petition für die Reparatur des Fernsehers beantwortet er mit der Schließung des Gemeinschaftsraumes etc. Doch am bedrückendsten für alle Senioren ist im Krankheitsfall die Androhung der Verlegung in das Haus am See, von dem man sich unter den Alten erzählt, es sei die Warteschlange auf dem Weg zur Guillotine, da die verlegten, schwer kranken Personen nie wieder zurückkehrten.

In einem Seniorenheim, in dem die Pfleger als Denunzianten und rechte Hand des tyrannischen Heimleiters wahrgenommen werden, in dem den Bewohnern jegliche Möglichkeit zur Freizeitgestaltung und Abwechslung genommen wird, entwickelt sich eine Stimmung, die von zunehmender Missgunst und Gereiztheit gekennzeichnet ist. Dies wird vor allem durch die Darstellung des die Geschichte begleitenden Sommers verdeutlicht. Dessen unerträgliche Hitze, die jedwede Lebensregung fast unmöglich macht, verstärkt den beklemmenden Eindruck dieses Altenheims. Daher verwundert es nicht, dass beide Schwestern schon oft versuchten, aus dem Heim zu flüchten. Mit einem Fluchtversuch Czechnas endet auch das Buch, wobei unklar bleibt, ob er diesmal glücken wird.

Die Aussage der Autorin „[i]nteresuje mnie człowiek stojący w obliczu wielu prawd, ale bez gwarancji odnalezienia siebie samego“[56] kann man als Subtext der hier untersuchten Erzählung lesen. Die Hauptfiguren sind nicht im Stande das in der Kindheit zu suchende Trauma zu bewältigen und bleiben somit sich und ihren Mitmenschen immer fremd.

Ślicznotka doktora Josefa ist Zyta Rudzkas einziges in andere Sprachen übersetztes Buch. Bezieht man sich auf verfügbare Rezensionen, welche vorrangig im Internet zu finden sind, so fällt im quantitativen Vergleich auf, dass dem Original in seinem Heimatland weitaus weniger Aufmerksamkeit geschenkt wurde. Exemplarisch für die polnische Kritik soll hier eine Rezension aus der *Gazeta Wyborcza* dienen.[57] Der Rezensent konzentriert sich auf innertextliche Merkmale wie das Erzähltempo, Figurenkonstellationen etc. ohne sich an dem Gegensatz zu stören, den die Autorin im Werk etabliert, nämlich die Tatsache, dass das Alter grausamer dargestellt wird, als die im KZ erfahrenen Leiden. Weitaus emotionaler reagieren deutschsprachige Kritiker, die sich an dem Tabubruch, nämlich dem Vergleich des Holocausts mit den „Schrecken unserer Zeit“[58], stören. Diese Parallelisierung zwischen Heimleben und Leben wird als unvertretbar, da zu unüberzeugend präsentiert,[59] kritisiert, sodass sich bereits hier völlig unterschiedliche Perspektiven im Umgang mit neuen Formen der Holocaustdarstellung abzeichnen. Somit eröffnet sich an dieser frühen Stelle der Arbeit ein spannendes Desiderat für weitere Forschungsbemühungen.

Mit den hier behandelten Büchern meldet sich eine Autorengeneration zu Wort, die den Holocaust nur aus Überlieferungen kennt. Trotz der unter-

---

56 „mich interessiert der Mensch, der vor vielen Wahrheiten steht, aber ohne die Garantie, sich darin selbst wieder zu finden.“

57 Smoleński, Paweł: *Ślicznotka doktora Josefa.* Online verfügbar unter http://wyborcza.pl/1,75517, 3460002.html.

58 Stolzmann, Uwe: *Miss Auschwitz, nackt, vor Doktor Mengele.* Online verfügbar unter http://www.nzz.ch/nachrichten/kultur/buchrezensionen/miss_auschwitz_nackt_vor_doktor_mengele_1.2609722.html.

59 Pfohlmann, Oliver: „Doktor Josefs Schönste und die Schrecken von Auschwitz.“ In: *Frankfurter Allgemeine Zeitung* vom 13.12.2010, S. 28.

schiedlichen Schwerpunkte, die die Bücher inhaltlich legen (konkrete KZ-Erfahrung vs. jüdisches Leben in Polen allgemein) kann man bereits an dieser Stelle eine Gemeinsamkeit feststellen: Das Erleben der Welt mit den Augen eines Kindes und die Tradierung von und der Umgang mit Erinnerungen sind zentrale Aspekte beider Erzählungen.

4. Analyse der Texte

Ausgehend von den oben geschilderten Entwicklungen in der polnischen Literatur jüngeren Datums sollten für die nun folgende Textanalyse einige Grundüberlegungen getroffen werden.

4.1 Forschungsgegenstand ‚Erzählprosa' und Analysemuster

Zur Analyse eines Textkörpers ist es zunächst notwendig, sich die Eigenschaften der jeweiligen Textform vor Augen zu führen. Mit *Ślicznotka doktora Josefa* und *Pensjonat* sind nicht nur zwei Werke Gegenstand der Untersuchung, die durch ihren Erscheinungszeitpunkt einen ähnlichen Zeitraum abdecken, sondern auch in ihrer Form gut miteinander vergleichbar sind: Man kann beide der Erzählprosa zurechnen. Dabei ist diese Gattungszuschreibung nicht als starres Muster, sondern eher als theoretische Grundlage zur tiefer gehenden Analyse zu verstehen, bei der dann von dem jeweiligen Prototyp abstrahiert werden kann.[60] Hierbei ergeben sich besondere Fragestellungen auf poetologischer und systematischer Ebene,[61] die im Folgenden skizziert werden sollen. Durch die kontrastive Auseinandersetzung mit den Werken soll die zuvor unter Punkt 2 beschriebene Entwicklung in der neusten polnischen Literatur weitergeführt werden.

Erzählliteratur folgt bewusst nicht dem Paradigma des Geschichtenerzählens, das sich – gleich dem klassischen Dramenaufbau – durch eine Orientierungs- und Komplizierungsphase auszeichnet, auf die dann Klimax, Krisenabwicklung und Endzustand folgen. Vielmehr versteht man hierunter die Schilderung von einzelnen Momenten, die seriellen Charakter haben

60 Zymner, Rüdiger: „Texttypen und Schreibweisen." In: Thomas Anz (Hg.): *Handbuch Literaturwissenschaft. Band 1. Gegenstände und Grundbegriffe.* Stuttgart 2007, S. 25–80, hier S. 32.

61 Zymner 2007: S. 25.

und zusammengewürfelt erscheinen können. Dass die literarische Ausgestaltung ungleich vielfältig und oft experimentell sein kann, gehört zu den Haupteigenschaften dieser Gattung. Des Weiteren gilt das Interesse des Erzählers dem Nichtaktuellen. Allerdings – und das gilt es im Hinblick auf *Pensjonat* zu berücksichtigen – muss es sich nicht zwingend um fiktionale Texte handeln.[62] Gemeinsam ist den untersuchten Werken ferner, dass man sie zu den epischen Formen mittleren Umfangs zählen kann. Im Hinblick auf die Narratologie bedeutet dies, dass auf komplexe Erzählverfahren mit mehreren Erzählsträngen verzichtet wird und die Darstellung meist chronologisch erfolgt. Hierbei wird allerdings meist auf Kausalzusammenhänge verzichtet, was die Patchwork-Struktur solcher Werke unterstützt. Durch den geringeren Umfang des Textkörpers sind so genannte Totalisierungstendenzen[63] in der Kurzprosa selten, was bedeutet, dass von moralischen Verallgemeinerungen und der Verwendung gesellschaftlicher Gemeinplätze abgesehen wird. Stattdessen werden meist um einen zentralen Charakter des Werkes weitere Figuren herumgruppiert, die mehr zur Unterstützung der beschriebenen Atmosphäre dienen. Alleine im vorangegangenen Resümee der Werke zeichnet sich deutlich ab, wie sehr der Fokus auf eine Person gerichtet ist und Nebenfiguren allenfalls zur Untermalung einer bestimmten Szenerie dienen. Daher muss davon abgesehen werden, die vorliegenden Werke als Kurzromane oder gar Romane zu betiteln.

„Fiktionale Literatur habe kategorial den Charakter eines Spiels“[64] postuliert Zymner in Anlehnung an den Germanisten Dietrich Weber. Um diese treffende, aber in ihrer Auslegung jedoch ungenaue Behauptung näher zu definieren, soll in beiden vorliegenden Texten anhand von Analysen in der mikrostilistischen Ebene (das heißt zum Beispiel die Verwendung von Tropen und Figuren) dieser Charakter nachgewiesen werden. Auf der makro-

---

62 Zymner 2007: S. 36ff.
63 Zymner 2007: S. 52.
64 Zymner 2007: S. 38.

stilistischen Ebene[65] scheinen Vergleiche beider Bücher im Hinblick auf die Ereignishaftigkeit, die Erzählperspektive und die Komposition lohnenswert. Hierbei wird unter anderem die Theorie von Jurij Lotman bemüht.

Was vom Holocaust erinnert wird, hängt eng damit zusammen, wie es erinnert wird,[66] das heißt Form und Inhalt sind eng miteinander verknüpft. Literatur stellt ein Artefakt, also ein Produkt absichtlichen Verhaltens dar, wonach es darauf abzielt, bestimmte Reaktionen zu provozieren. Verfolgt man diesen Gedanken literatursemiotisch weiter, so ist jedes in Literatur dargestellte Zeichen sensorisch wahrnehmbar (Signifikant) und zugleich mit einer mentalen Vorstellung (Signifikat) verknüpft. Die Auslegung des Signifikates kann jedoch nicht nur kulturell unterschiedlich ausfallen, sondern sich auch von Leser zur Leser unterscheiden. Der eigene Erfahrungshorizont, auf dem die Rezeption stattfindet, steuert ganz maßgeblich die Wahrnehmung von Literatur. So sagt Lotman hierzu, dass „für einen Menschen, der mit einem Text zu tun haben möchte, der aus der Gesamtheit der extratextuellen Bezüge herausgerissen wäre [...] das Kunstwerk überhaupt nicht mehr zum Träger irgendwelcher Bedeutungen werden [könne].“[67]

Um ein Beispiel zur Illustration zu konstruieren: Man darf davon ausgehen, dass es so gut wie keinen Menschen geben dürfte, der mit den Begriffen Konzentrationslager oder Holocaust nicht umzugehen weiß. Ob allerdings wirklich jeder Leser schon einmal den Namen Josef Mengele oder gar den Ort Śródborowianka, in dem *Pensjonat* spielt, gehört hat, bleibt offen. So ist also die Rezeption der Figur Josefs in *Ślicznotka doktora Josefa* eine Sache des persönlichen Wissenstandes, sowie die Tatsache, dass das in *Pensjonat* angesprochene Gästehaus real existiert. Hierzu schreibt der US-

65 Meyer, Urs: „Stilistische Textmerkmale.“ In: Thomas Anz (Hg.): *Handbuch Literaturwissenschaft. Band 1. Gegenstände und Grundbegriffe*. Stuttgart 2007, S. 81–110, hier S. 83.

66 Young, James E.: *Writing and Rewriting the Holocaust. Narrative and the Consequences of Interpretation.* Bloomington/Indianapolis 1988, S. 1.

67 Lotman, Jurij M.: *Die Struktur literarischer Texte.* 4. Aufl. München 1993, S. 81.

amerikanische Holocaustforscher Young, dass ohne ein profundes Wissen über den Holocaust viele der literarischen Aufarbeitungsversuche oberflächlich wirkten und ihre eigentliche Intension dem Leser gegenüber verhalle.[68] Einen weiteren wichtigen Aspekt führt Alina Molisak in der Diskussion um das Shoah-Motiv in der Literatur an. Sie betont, dass eine interdisziplinäre Annäherungsweise an den Forschungsgegenstand unabdingbar sei, da man es mit mannigfaltigen historischen, kulturellen, ideologischen, sprachlichen und religiösen Zusammenhängen zu tun habe.[69]

Der Vorteil einer bewusst textorientierten Analyse liegt im Falle der Holocaustliteratur jedoch auf der Hand: Sie ermöglicht eine von diskursiv aufgeladenen Begriffen und Debatten weitestgehend unberührte Beschäftigung mit der Materie Text. Dies ist vor allem notwendig um im Hinblick auf etwaige narratologische Veränderungen qualifizierte Aussagen treffen zu können. Im Folgenden werden beide Texte als geschlossener Forschungsgegenstand wahrgenommen, bevor in einem nächsten Schritt der Versuch unternommen wird, eine breiter orientierte Herangehensweise anzuwenden. Erst im daran anschließenden Kapitel wird diese zeitperspektivisch neutrale Haltung aufgegeben, um beide Werke in den Kontext der aktuellen Debatte um in Polen lebenden Juden und das polnisch-jüdische Verhältnis einzubetten. Damit orientiert sich diese Untersuchung auch an der zuvor genannten Aussage Lotmans, der zufolge Literatur nicht fernab aller sie umgebenden Rahmenbedingungen interpretiert werden kann.

4.2 Pensjonat

4.2.1 Untersuchungen auf makrostilistischer Ebene

Als makrostilistische Elemente sind diejenigen Textbausteine zu bezeichnen, die sich auf größere Textabschnitte beziehen, wie beispielsweise die Komposition und Raumaufteilung, aber auch die Darstellung von Rede und die Erzählperspektive. Beginnend mit *Pensjonat* kann man als erste offen-

---

[68] Young 1988: S. 7.
[69] Molisak 2007: S. 205.

sichtlich strukturierende Einheit 15 kürzere Abschnitte feststellen, die als Kapitel bezeichnet werden können. Das Kapitel zählt ebenso wie der Satz und das Wort zu den so genannten Begrenzungskategorien.[70] Jeder dieser Abschnitte beginnt mit Beschreibungen des Ortes, der Tages- oder Jahreszeit durch den Ich-Erzähler. Interessanterweise fällt hier eine außerordentliche Sensibilität in der Schilderung eigentlich alltäglicher Phänomene auf: So heißt es „Fosforyzująca zielona strzałka drogi ewakuacyjnej jaśniała na ścianie korytarza, wskazywała kierunek ku schodom."[71] (Paziński 2010: 51) Bemerkenswert sind ebenso die Beschreibungen, mit denen der Nebel und die daraus resultierende Stimmung am Anfang vieler Kapitel eingefangen werden:

> „Mgła wisiała nad drzewami, obejmując okolicę zimnym dotykiem niewidzialnych kropli." „Światło sączyło się zza drzwi jadalni." „Mgła, sina i zawiesista, tężała." „Promień światła, wpleciony między pręty wezgłowia, wędrował ku nogom zawiniętym w rudawy koc." „Co to jest za mgła?! Można ją nożem kroić!"[72] (Paziński 2010: 70, 78, 89, 100, 106)

Naturbeschreibungen stellen somit den Rahmen für das eigentliche Geschehen dar. Gleichzeitig macht die konstante Beschreibung des sich immer stärker verdichtenden Nebels auch deutlich, dass die ursprüngliche Absicht des Besuches (nämlich seine Spurensuche) immer verworrener und unklarer wird. Es scheint, als seien die unzähligen Schilderungen, bei denen der Erzähler meist in der geduldigen Zuhörerposition verharrt, zu einem undurchdringlichen Gewirr von Erinnerungen geworden. Die eigentliche Ordnung, die die Redundanz auf der syntagmatischen Ebene hervor-

---

[70] Lotman 1993: S. 84.

[71] „Der phosphorisierende grüne Pfeil des Rettungsweges leuchtete an der Wand des Flurs, zeigte den Weg zur Treppe."

[72] „Der Nebel hing über den Türen, vereinnahmte die Umgebung mit der kalten Berührung unsichtbarer Tropfen." „Das Licht sickerte hinter der Tür des Speiseraums hin durch." „Der Nebel, blau und zäh, erstarrte." „Das Strahlen des Lichtes, verflochten zwischen den Streben des Kopfendes des Bettes, wanderte zu den in eine rötliche Decke eingewickelten Beinen." „Was ist denn das für ein Nebel?! Den kann man ja mit dem Messer schneiden!"

ruft,[73] steht im Gegensatz zu der Bedeutungsebene. Statt Ordnung findet man hier wortwörtliche Vernebelung, die den Erzähler zur Heimkehr bewegt.

Dieser Rahmen umgibt eine Szenerie, die wie bereits erwähnt in einem Gästehaus, in dem jüdische Pensionäre residieren, angesiedelt ist. Dieser topographische Raum, der auf dem halben Weg zwischen Warschau und Lublin liegt, strukturiert den Text auf einer weiteren Ebene, nämlich der semantischen. Mit dem Raumkonzept (auch semantische Ebene oder Isotopien genannt)[74] verknüpfen sich ebenso bestimmte Bedeutungszuschreibungen, das heißt sie evozieren auf der Leserseite Assoziationen. Die massive, unzerstörbare Konstruktion eines Hauses, die Schutz verspricht, steht für den positiven Gedanken der Erholung: Entspannung und Ungestörtheit stehen hier im Vordergrund. Dabei handelt es sich hier um einen Ort, der auch einer kulturellen Semantisierung unterlag,[75] da es sich um das einzige rein jüdische Haus dieser Art in Polen handelt. Diese Bedeutungserweiterung, die nur wenigen Lesern überhaupt bewusst sein dürfte, lässt sofort an jüdische Diaspora und Zuflucht denken. In diesem besonderen Fall haben wir es mit einem ausschließlich von Alten genutzten Raum zu tun, in dem sie ihre freie Zeit verbringen. (Hierbei gilt zu beachten, dass unter dem Stichwort Raum verschiedene Aspekte verstanden werden können: Nicht nur ein konkreter physischer Raum kann gemeint sein, sondern auch ein sozialer Raum, in der sich die Gruppenmitglieder durch bestimmte Verhaltensmuster definieren.)[76] Somit erweitert sich das hiesige Pensionat noch

---

[73] Lotman 1993: S. 132.

[74] Anz, Thomas: „Inhaltsanalyse." In: Thomas Anz (Hg.): *Handbuch Literaturwissenschaft. Band 2. Methoden und Theorien.* Stuttgart 2007, S. 55–69, hier S. 60f.

[75] Lotman 1993: S. 141.

[76] Damir-Geilsdorf, Sabine; Hendrich, Béatrice: „Orientierungsleistungen räumlicher Strukturen und Erinnerung, heuristische Potenziale einer Verknüpfung der Konzepte Raum, mental maps und Erinnerung." In: Sabine Damir-Geilsdorf, Angelika Hartmann und Béatrice Hendrich (Hg.): *Mental Maps – Raum – Erinnerung. Kulturwissenschaftliche Zugänge zum Verhältnis von Raum und Erinnerung.* Münster 2005, S. 25–48, hier S. 26.

einmal um die Bedeutung Seniorenheim. Stichpunktartig zusammengefasst ergeben sich nun folgende semantische Felder:

Semantischer Raum: Gästehaus	**Semantischer Raum: Seniorenheim**
Geborgenheit/Schutz	jüdische Kultur und Geschichte
Entspannung/Freizeitvergnügen	Zuflucht/Endstation/Lebensabend
alterslos, für jeden offen	ausschließlich alte Menschen
Sommer(-ferien)	Herbst (Paziński 2010: 6)

Diese Vermischung zweier Konzepte in einem physischen Raum stellt den Rezipienten während der gesamten Erzählung vor die Aufgabe, herauszufinden, warum sich ausgerechnet ein verhältnismäßig junges Erzähler-Ich in eine solche Umgebung begibt, ohne dass es dabei je sein Anliegen bewusst artikuliert. Diese intendierte Inkongruenz zweier Raumkonzepte macht insofern Sinn, als auch der Erzähler den besuchten Ort zu zwei völlig unterschiedlichen Zeitpunkten erlebt hat: zum einen im Kleinkind- und Vorschulalter, zum anderen jetzt nach einigen Jahrzehnten als erwachsener Mann. Mag sich der Erzähler im Kindesalter noch gut in den ersten benannten semantischen Raum eingefügt haben, so scheint dies aus der gegenwärtigen Perspektive im Hinblick auf beide semantische Räume schwierig: denn das erzählende Ich sucht weder einen geeigneten Ort für Ferien, noch Zuflucht, noch ist es alt. Daneben tritt es alleine gegen, beziehungsweise in einer Gruppe auf. Den einzigen Anknüpfungspunkt würde die jüdische Kultur bieten.

Durch die doppelte Bedeutungsebene hat der Autor jedoch schon einen erzählbaren Rahmen geschaffen, da gerade in dem bewussten Übertreten eines semantischen Feldes das erzählwürdige Ereignis liegt, das den Text strukturiert.[77] Dabei gibt es unterschiedliche Arten der Grenzübertretung. Da wäre zu Beginn die Räumliche zu nennen, die der Erzähler als Reise in eine völlig andere und unbekannte Welt beschreibt (Paziński 2010: 5), in

[77] Lotman 1993: S. 333.

der er zunächst auch wenig herzlich willkommen geheißen wird: „Dlaczego chce Pan wejść? – była podejrzliwa. – Ja jestem stąd – nie umiałem inaczej się wytłumaczyć."[78] (Paziński 2010: 11) Dies gehört eher noch zu den trivialen Zustandsänderungen der Erzählung, da eine gewisse Verwunderung der Dame beim Anblick des jungen Gastes mehr oder weniger vorhersehbar war. Mit der Imprädiktabilität steigen der Grad der Veränderung und damit auch die Erzählwürdigkeit an.[79] Dazu zählen auch die Sprünge des Ich-Erzählers in seine Kindheit, beispielsweise wenn das Gesagte deutlich kindliche Züge trägt: „[B]ardziej niż ciemności bałem się konsekwencji nielegalnego zapuszczenia się w rejony, których istnienie z niewyjaśnionych do dzisiaj przyczyn starano się utrzymywać przede mną w możliwie najściślejszym sekrecie."[80] (Paziński 2010: 34) Das Tempus der Vergangenheit wird in beiden zeitlichen Ebenen verwendet, was die Zuordnung in die Lebensabschnitte erschwert, zumal oft das Verhalten des Erzählers nicht seinem heutigen Alter angemessen scheint, da er sich etwa vor den grimmig drein schauenden Bewohnern fürchtet. (Paziński 2010: 29) Somit begründet sich die Erzählwürdigkeit mit der Übertretung einer genealogischen Grenze, die aber nicht durch textuelle Marker eingeleitet wird.

Bedenkt man die positiv gestimmten Erinnerungen des Erzählers in den Anfangskapiteln „A przy ulicach cukiernie i lodziarnie, bufety (zbiorowym wycieczkom ustępstwa), sklepy kolonialno-spożywcze (herbata, kawa, kakao różnych firm, wyroby tobaczne)"[81] (Paziński 2010: 7), so scheint auch das erste Gespräch mit Frau Tecia (einer guten Freundin der verstorbenen

[78] „Warum wollen Sie reinkommen? – Sie war misstrauisch – Ich bin von hier – ich konnte mich nicht anders erklären."

[79] Schmid, Wolf: „Erzähltextanalyse." In: Thomas Anz (Hg.): *Handbuch Literaturwissenschaft. Band 2. Methoden und Theorien.* Stuttgart 2007, S. 98–120, hier S. 99.

[80] „Mehr noch als vor der Dunkelheit fürchtete ich mich vor den Konsequenzen eines illegalen Betretens der Gebiete, deren Existenz aus bis heute ungeklärten Gründen vor mir möglichst streng geheim zu halten versucht wurde."

[81] „Und in den Straßen Konditoreien, Eisdielen, Ladentische (Zugeständnisse an Gruppenausflüge), Kolonialwarenläden (Tee, Kaffee, Kakao verschiedener Firmen, Tabakerzeugnisse)".

Großmutter des Erzählers) ernüchternd zu wirken und gegen das vom Erzähler konstruierte Idyll zu gehen, da die Dame nicht nur die Lebensbedingungen des maroden Heims beklagt. Auch das eigentlich eher belustigend wirkende Streitgespräch von Frau Tecia und Frau Mala mit dem Ziel die Verwandtschaftsbeziehungen des Gastes nachzuvollziehen, („Nie żyje? [...] Jak może być, że nie żyje?“ – „Zwyczajnie, umarła“,[82] Paziński 2010: 15) führt dem Besuch seine staffagenähnliche Rolle vor Augen: „Głosy ucichły. Chyba nie byłem potrzebny. [...] Moja obecność ich nie krępowała.“[83] (Paziński 2010: 14) Ebenso scheint die in der Summe kurze Anwesenheit des Erzählers auf die meisten Bewohner eine eher aufwühlende Wirkung zu haben. Das Eintreten des Erzählers in diesen schon an sich nicht homogenen semantischen Bereich der Pension stellt für die Senioren oft einen Anlass zur Diskussion über die jüdische Geschichte und Einzelschicksale dar. Demzufolge erlebt der Besucher das ganze Spektrum jüdischen Lebensgefühls, das entweder an glorreichere Zeiten erinnert, oder ihm aber – bedingt durch den senilen Lebensüberdruss der Bewohner – weniger angenehm vor Augen hält, was Jüdischsein im heutigen Polen bedeutet. Gegen Ende der Erzählung heißt es „Co ty jeszcze tutaj robisz? Przestań węszyć, wracaj do siebie, do swoich spraw, bierz nogi za pas i uciekaj prędko, przetnij więzy, zapomnij i zostaw nas wreszcie samych.“[84] (Paziński 2010: 122) Der Eindringling, wie sich der Erzähler auch selbst beschreibt (Paziński 2010: 10), wird von der Gemeinschaft der Alten nicht akzeptiert. Sie sehen mit der Übertretung von zeitlichen, altersbedingten und räumlichen Grenzen in ihm keinen willkommenen Gast, in den man die Hoffnungen an ein Weiterleben und Widerbeleben der jüdischen Tradition setzen könnte, sondern fühlen sich vielmehr in der hausinternen Ruhe gestört. Wahrscheinlich glaubt man auch nicht an ein ernsthaftes Interesse

[82] „Sie lebt nicht mehr? [...] Wie kann das sein, dass sie nicht mehr lebt? – „Ganz normal, sie ist gestorben.“

[83] „Die Stimmen wurden leiser. Ich war anscheinend nicht nötig. [...] Meine Anwesenheit brachte sie nicht in Verlegenheit.“

[84] „Was machst Du denn noch hier? Hör auf herumzuschnüffeln und geh nach Hause, zu Deinen Angelegenheiten, nimm die Beine in die Hand und verschwinde schnell, schneide die Fessel durch, vergiss und lass uns endlich alleine.“

des jungen Menschen an den Geschichten, die zu erzählen sich die Alten hinreißen lassen.

Ein weiteres makrostilistisches Element sind Erzählhaltung und Rededarstellung, die in diesem Prosawerk einen interessanten Punkt ausmachen. Ein Erzähler wird vom Leser nicht nur als Abstraktum empfunden, sondern er spricht ihm automatisch gewissen Subjektstatus zu. Dies gilt umso mehr, wenn es sich um einen diegetischen Erzähler handelt, der also sowohl in der Geschichte (Diegese), als auch im Erzählakt selbst (Exegese) auftritt.[85] Dabei spricht in *Pensjonat* der Erzähler aus einer klar auktorialen Perspektive, er vertritt somit seinen eigenen Standpunkt. Der Leser blickt durch seine Augen auf die Geschehnisse, was vor allem im ersten Kapitel des Buches deutlich wird. Hierin schickt er den Rezipienten häufig auf doppelte Art auf Reisen. Nicht nur die in der Gegenwart spielende Anfahrt zum Gästehaus mit dem Zug wird beschrieben, sondern auch eine zeitliche Rückversetzung in die Kindheitstage des Erzählers findet man hier vor.

> Nazwa słyszana od zawsze. Jak : ‚Nalewki',‚Plac Krasińskich', ‚Gęsia 18', ‚Świętojerska 13', gdzie przy Nowiniarskiej zaraz na rogu, stał nasz dom. To znaczy nasz dom przedwojenny, ale o Świętojerskiej mówiło się w czasie teraźniejszym, jakby nigdy nie przestała istnieć. (Paziński 2010: 6f.)[86]

Hierbei irritiert den Leser die Aufzählung von realen Straßennamen in Warschau, genauso wie die Tatsache, dass er vorgibt, sich an ein Vorkriegsgeschehen erinnern zu können. Dies verweist auf eine Parallele zu dem in der Einleitung genannten Zitat aus *Lata walk ulicznych*, in der die Nachfolgegeneration vom Narrativ der Erlebnisgeneration geleitet wird. Weitere Unstimmigkeiten finden sich auf Ebene der Identität der Erzähldis-

---

85 Schmid 2007: S. 112.

86 „Namen, die man seit jeher hörte: Wie ‚Nalewki', ‚Plac Krasińskich', ‚Gęsia 18', ‚Świętojerska 13', wo bei der Nowiniarska gleich an der Ecke unser Haus stand. Das heißt unser Vorkriegshaus, aber über die Świętojerska sprach man im Präsens, als wenn sie nie aufgehört hätte zu existieren."

tanz. Oft findet man eine Unvereinbarkeit von erzähltem Ich und erzählendem Ich vor:

Nach einer Reihe weiterer Kindheit prägender Erlebnisse, die sehr lebhaft beschrieben sind, verwundert es, dass im direkten Kontakt mit den Heimbewohnern die Figur des Erzählers sogleich jedwedes Selbstvertrauen verliert: Äußerungen wie „wymamrotałem“[87], „poczułem się głupio“[88] (Paziński 2010: 11) fallen. Auch nach einer kurzen Eingewöhnungsphase scheint der Erzähler trotz aller positiven Kindheitserinnerungen nicht zu sich selbst zu finden und gibt nicht nur den Akt des Erzählens, sondern auch innerhalb der Diegese die Macht der Gestaltung an andere ab: In einem Abschnitt, in dem er eine angeregte Debatte des Heimleiters mit Herrn Jakub verfolgt, taucht kein einziges Mal eine direkte Antwort des Erzählers auf, obwohl an ihn mehrmals Fragen gerichtet werden, die darauf abzielen ihn ins Gespräch mit einzubinden. Dabei geht es um jüdische Vergangenheit, politische Wendungen, um das Leben der jüdischen Gemeinschaft in Polen – also all jene Komponenten, die dem Ich-Erzähler helfen würden, seine eigene Identität, deren Wurzeln er ja auf der Spur ist, zu bereichern. Die plötzliche Verstummung, die den Anschein erweckt, als wolle der Erzähler gar nicht wahrgenommen werden, wird durch die Nichtbeantwortung der häufig wiederholten Frage „Znalazł Pan swoje łóżko?“[89] (Paziński 2010: z. B. 61, 65) verstärkt. Hierbei ist es interessant, dass nun Situationen, die er als Kind erlebt hat, nun so gelesen werden könnten, als wären sie in der gegenwärtigen Zeitebene geschehen: „Ja bałem się, że zaczną mnie wypytywać. [...] Nic, zupełnie nic nie wiedziałem! I zacząłem płakać i płakałem tak przez całą noc.“[90] (Paziński 2010: 69)

Zusammenfassend kann festgestellt werden, dass auf der diegetischen Ebene der Vergangenheit der Erzähler sehr präsent ist, was vor allem die ver-

[87] „Ich nuschelte.“

[88] „Ich genierte mich.“

[89] „Haben Sie Ihr Bett gefunden?“

[90] „Ich fürchtete mich, dass sie anfangen mich auszufragen. [...] Nichts, absolut gar nichts wusste ich! Und ich begann zu weinen und weinte so die ganze Nacht lang.“

hältnismäßig langen Rückblenden in die Kindheit belegen. In der Gegenwart ist der Anteil des erzählten Ichs an der gesamten Diegese jedoch auffallend schwach ausgeprägt. Hier dominiert eine starke Zurückhaltung, es findet eine Flucht in die Beobachterrolle statt, die jedoch größtenteils frei von Bewertungen bleibt. Eher veranlassen Gespräche, bei denen der Ich-Erzähler Zeuge ist, dazu, eigene Reflexionen anzustellen und sich in Kindheitserinnerungen, die sich zunächst aber nicht wie solche lesen, zu verlieren. Der Dualismus von eingeprägter Welt aus Kindheitstagen und der heutigen scheint das erinnernde Ich zu befremden und so vermischt es sich selbst mit beiden Ebenen.[91] Die erste Erzählebene, nämlich die Schilderungen aus der Kindheit, lassen den Erzähler die Welt aus der Perspektive eines Teilhabenden betrachten. Im Hier und Jetzt allerdings bleibt ihm oft nur die beobachtende Haltung.

Im Zusammenhang mit dem schwachen Charakter des gegenwärtigen erzählten Ichs ist vor allem das Ende des Buches interessant: Hier begleitet Herr Jakub den abreisenden Besuch noch einige Schritte mit hinaus (es findet also auch ein Übertreten des Raumes statt). Diese räumliche Veränderung wird begleitet von einem der wenigen Dialoge, bei denen der Erzähler erneut nur einen sehr geringen Gesprächsanteil hat. Als er von dem betagten Herrn zu dem geheimnisvollen Ort im Wald gebracht wird, kommt es zu einem Aufschrei des Ich-Erzählers, eingeleitet durch eine stark emotionale Regung: „Chciałem uciekać, ale poczułem, że trzyma mnie jakaś siła, ze mnie przykuwa do miejsca i nie pozwala się ruszyć, jakby mi nogi spętano sznurem. […] – Ja idę do was! – krzyknąłem."[92] (Paziński 2010: 134) Diese Opposition zu der vorausgehenden Zurückhaltung wird dem Leser somit auf der allerletzten Seite deutlich und bleibt somit nachhaltig haften.

---

91 Kaczmarek, Michał: „Wokół prozy pamięci (zarys problematyki)." In: Elżbieta Dąbrowska und Adela Pryszczewska-Kozołub (Hg.): *Człowiek i czas. Studia i szkice o literaturze współczesnej*. Opole 2002, S. 119–128, hier S. 123.

92 „Ich wollte weglaufen, aber ich spürte, dass mich irgendeine Kraft festhielt, dass sie mich an den Ort fesselte und nicht erlaubte, sich zu bewegen, als wenn mir die Beine mit einer Schnur zusammengebunden wären […] Ich komme zu euch! – schrie ich."

4.2.2 Untersuchungen auf mikrostilistischer Ebene

Mikro- und makrostilistische Elemente sind oft nicht ganz trennscharf zu unterscheiden: So werden im nun folgenden Abschnitt eher textliche Einzelphänomene angesprochen, die sich aber durchaus wiederholen und sich somit auf der Ebene der Makrostilistik zu einem Motiv zusammensetzen lassen könnten:

Durch das Auftreten der Person des Erzählers in der Pension werden auch bei den Einwohnern Erinnerungen geweckt. Interessanterweise geschieht dies immer durch das Erscheinen eines Erinnerungsgegenstandes, das heißt durch Postkarten, Fotografien, Zeitungsausschnitte oder Briefe. Besonders auffallend ist gleich zu Beginn des Besuches, dass dem Erzähler ohne Aufforderung seinerseits sämtliche Andenken vorgezeigt werden. Die Schilderung dieser Begegnung mit der Vergangenheit von Frau Tecia macht deutlich, dass diese realen Gegenstände Grenzen und Zugänge zwischen den beiden Zeitebenen darstellen: Frau Tecia sammelt diese Gegenstände ohne recht zu wissen, was sich genau in ihren unzähligen Kartons befindet. „Skąd wzięły się te kartki u pani Teci? – Nie wiem, nie pamiętam. Zbierało się to wszystko, co jeszcze zostało po wojnie“[93] (Paziński 2010: 23). Erinnerung zu bewahren wird somit zu einem persönlichen Anliegen des Einzelnen:

> Jak ten rabin z Torą z pomnika getta. Co można wynieść z płonącego miasta? I dokąd zabrać? Może lepiej i tego nie mieć? Pamięć ciąży potem jak głaz, pobudzana, nie daje jej spokojnie zasnąć. A ci, którzy niczego nie ocalili, z zazdrością patrzą na tych kilka drobiazgów, co to je babcia włożyła wtedy do kieszeni jesionki.[94] (Paziński 2010: 21)

---

93 „Woher kamen diese Blätter von Frau Tecia? – Ich weiß es nicht, ich erinnere mich nicht. Man nahm all das mit, was nach dem Krieg noch übrig war.“

94 „Wie dieser Rabbiner mit der Thora von dem Ghettodenkmal. Was kann man aus einer brennenden Stadt mitnehmen? Und wohin sollte man es bringen? Vielleicht ist es besser, so etwas nicht zu haben? Die Erinnerung lastet dann wie ein Stein, lebhaft, sie lässt sie nicht ruhig einschlafen. Und die, die nichts gerettet hatten, blickten mit Neid auf die paar Kleinigkeiten, die ihr die Großmutter damals in die Tasche des Herbstmantels steckte.“

Trotz oder gerade wegen der hier angesprochen starken emotionalen Wirkung dieser Andenken ist man nicht gewillt, diese einer öffentlichen Stelle zugänglich zu machen, obwohl die Sammlung angesichts ihrer Größe ein Miniaturparadies für jeden Archäologen darstellt („miniaturowy raj dla archeologa“, Paziński 2010: 22). Die Erinnerungsstücke (selbst alte Rechnungen) werden als zu privat angesehen, um sie in anonyme Hände weitergeben zu wollen, woraus sich eine Art Verantwortungsgefühl gegenüber der bereits verstorbenen Generation ablesen lässt. (Paziński 2010: 22f.) Für den Ich-Erzähler stellen die Fundstücke eine Faszination und Grund zur Reflexion dar: „Wszystko jak egipski papyrus, szczątki liter na bibułkach. Listy, być może już powojenne, po żydowsku [...] pisane piórem, krojem, jakim nikt dzisiaj nie pisze. Kto je teraz przeczyta?“[95] (Paziński 2010: 24) Eine deutliche Fremdheit, die durch die hebräische Schrift und das alte Material hervorgerufen wird, sowie eine gewisse Sentimentalität, die durch den Verlust jüdischer Kultur und Sprache begründet ist, kommen hier zum Ausdruck.

Neben Frau Tecia sammeln andere Mitbewohner auch durchgebrannte Glühbirnen, Postkarten und Briefmarken aus aller Welt. Dem Erzähler scheint es als „w tym domu każdy coś zbiera i chomikuje na wieczne czasy“[96] (Paziński 2010: 84). Mit dem Erscheinen des Erzählers werden Erinnerungen mit einer emotionalen Wucht an die Oberfläche getragen, deren Frau Tecia nicht gewachsen ist. Ihre anfängliche Euphorie über das fremde Interesse an ihrer Sammlung weicht alsbald dem Gefühl von Müdigkeit:

> To nie oglądaj teraz – w głosie Pani Teci słychac było nieśmiałą prośbę. Dać jej spokój i wyjść. – Weź z sobą, Nie chce tego już mieć u siebie. [...] Pani Tecia westchnęła ciężko. Zabierałem jej skarb. – Dobrze, że przyjechałeś –

---

95 „Alles wie ägyptischer Papyrus, Überreste von Buchstaben auf dem Seidenpapier. Briefe, vielleicht schon aus der Nachkriegszeit, auf jüdisch geschrieben [...] mit der Feder, in einer Form, in der heute niemand mehr schreibt. Wer wird sie jetzt noch lesen?“

96 „sammele und hamstere in diesem Haus jeder irgendetwas auf ewige Zeiten.“

uśmiechnęła się delikatnie. – A teraz już muszę się położyć.[97] (Paziński 2010: 25)

Das Erinnern und Erhalten der Vergangenheit ist für die Erlebnisgeneration zu einer Bürde geworden; zu einer Last, die an all die Widrigkeiten der Kriegszeit erinnert. Die Weitergabe und in diesem speziellen Fall sogar die buchstäbliche Übergabe eines Teiles der gesammelten Erinnerungen an die junge Generation stellt somit auch die Hoffnung der alten Generation dar, nicht in Vergessenheit zu geraten. Allerdings bleibt Frau Tecia die einzige Person, die tatsächlich ein Stück ihrer Sammlung abzugeben bereit ist. Die visuellen Erinnerungsträger (Karten, Bilder etc.) ergänzen hiermit den Menschen in seiner Erinnerungsfunktion. Auch eine Unvollständigkeit, die beispielsweise durch Verlust oder Beschädigung der Objekte eintreten kann, dokumentiert doch eine Familiengeschichte und hilft, Lebensetappen nachzuzeichnen. Zugleich unterstreichen sie in gewisser Hinsicht die Glaubwürdigkeit der besitzenden Person, die der Nachfolgegeneration sehr anschaulich deutlich machen kann, wie das Leben zu jener Zeit aussah.[98] In Ermangelung einer wirklichen Erläuterung bezüglich des Zusammenhangs der Gegenstände stellt sich allerdings die Frage, was diese eigentlich so erinnerungswürdig macht und was davon erinnert werden soll. Oft scheinen die Andenken eher als zusammenhangslose Sammlung. Aus diesen sich oft wiederholenden Passagen lässt sich somit das Motiv des Suchens und Sammelns herausarbeiten. Nicht zu Unrecht stellt Alina Molisak in diesem Zusammenhang fest, dass Erinnerungsliteratur in Polen oft noch sehr im romantischen Denken verhaftet sei, das darauf ausgerichtet ist, sich in der nicht zu ertragenden Realität zurechtzufinden.[99] In gewisser Weise gilt dies

97 „Schau Dir das jetzt nicht an – in der Stimme von Frau Tecia war eine zaghafte Bitte zu hören. Sie in Ruhe zu lassen und rauszugehen. – Nimm es mit. Ich will das nicht mehr bei mir haben. [...] Frau Tecia atmete tief ein. Ich nahm ihren Schatz mit. – Gut, dass du gekommen bist – sie lächelte sanft. – Jetzt muss ich mich aber hinlegen."

98 Zalewski, Cezary: „Czytanie obrazu. Motyw fotografii w prozie ostatniej dekady." In: Tomasz Cieślak und Krystyna Pietrych (Hg.): *Literatura polska 1990-2000. Tom II.* Kraków 2002, S. 394–420, hier S. 398f.

99 Molisak, Alina: „Schreiben im Auftrag der Toten. Mediumistische Erzählstrategien

auch für den Ich-Erzähler, der versucht das eigene Ich anhand der Vergangenheit seiner Familie zu rekonstruieren. In seiner Lebensrealität scheint ein Baustein seiner Persönlichkeit zu fehlen. Seine überaus sensible Art der Umweltperzeption würde ebenso in ein romantisches Weltbild passen.

Eine weitere Form der Erinnerungsbewahrung versucht Herr Abram mit der Niederschrift der Namen aller jemals in Polen sesshaft gewesenen Juden. Dieses eigentlich unmögliche Unterfangen nimmt im Buch ein ungewisses Ende – wahrscheinlich ist jedoch, dass diese Enzyklopädie nie zu Ende gestellt wurde: „Zaczął już B i kazał mi się zastanowić nad publikacją. Wiele lat go nie widziałem. Nie wiem co stało się z jego skarbnicą życiorysów. Niezwykłych, zwyczajnych i niezwyczajnych. Dokończonych i przerwanych w połowie."[100] (Paziński 2010: 42)
Die im Zitat angesprochene ‚Schatzkammer von Lebensläufen' erschöpft sich also recht schnell von selbst und bleibt der Nachwelt wohl nicht erhalten. Doch alleine die Idee zu solch einer Chronik lässt auf ein starkes jüdisches Bewusstsein innerhalb der Gruppe schließen: „[J]ede Gruppe, die sich als solche konsolidieren will, ist bestrebt, sich Orte zu schaffen und zu sichern, die nicht nur Schauplätze ihrer Interaktionsformen abgeben, sondern Symbole ihrer Identität und Anhaltspunkte ihrer Erinnerung."[101] Die erhoffte Langzeitwirkung dieser Niederschrift (und damit auch die Intention dieser Handlung) kann wie folgt beschrieben werden: Der Versuch der Aneignung bestimmter Erinnerungsräume entsteht zwar aus einer retrospektiven Sicht, allerdings werden die so geschaffenen Räume zur *Zukunft*sperspektive des Kollektivs.[102] Erinnerungsraum stellt hierbei nicht

in der polnischen Literatur." In: Magdalena Marszałek und Alina Molisak (Hg.): *Nach dem Vergessen. Rekurse auf den Holocaust in Ostmitteleuropa nach 1989.* Berlin 2010, S. 181–196, hier S. 182.

100 „Er fing bereits mit B an und wollte, dass ich mir über eine Veröffentlichung Gedanken mache. Viele Jahre habe ich ihn nicht gesehen. Ich weiß nicht, was mit seiner Schatzkammer an Lebensläufen passiert ist. Die außergewöhnlichen, normalen, unnormalen. Die vollendeten und die in der Hälfte unterbrochenen."

101 Damir-Geilsdorf und Hendrich 2005: S. 37.

102 Damir-Geilsdorf und Hendrich 2005: S. 37.

nur das private Sammelsurium der Senioren dar, sondern auch die alljährliche ‚Vereinnahmung' des Gästehauses durch die immer gleichen Personen.

In *Pensjonat* finden sich viele solcher Anstrengungen, Erinnerung an die jüdische Vergangenheit in Polen zu manifestieren, jedoch bleiben diese Versuche mangels Kommunikation nach außen auf die Gruppe der Bewohner beschränkt. Hieraus entwickelt sich eine permanente Unzufriedenheit mit der eigenen Geschichte und der aktuellen Situation im eigenen Land. Diese Problematik wird in einem späteren Abschnitt Gegenstand der Untersuchung sein.

Ein weiteres Element der Mikrostilistik ist die Metapher. In diesem Buch ist vor allem jene des herannahenden Zuges augenfällig. Bereits die Umschlaggestaltung, die eine weiße Bahnschiene auf schwarzem Hintergrund darstellt, lässt spontan Gedanken an Auschwitz und die auf das Konzentrationslager zulaufenden Gleise aufkommen, deren Abbildung symbolisch für den gesamten Ort stehen. Sie unterstreicht ferner das Ungewisse der Reise des Erzählers, aber auch das Zusteuern auf ein noch nicht bekanntes Ziel. Illustriert wird dies anhand folgender Äußerungen:

> Z mroku, jeszcze daleko stąd, wyłaniał się trójkąt jaskrawożółtych lamp. Zawsze lubiłem ten widok. Kto jedzie i dokąd? Jakie gnają go sprawy? A może to pociąg-widmo, całkiem pusty, pędzi w nieznanym kierunku i nie zamierza się nigdy zatrzymać? Ten zbliżał się w pędzie. Nasza stacja nie została przedwidziana w rozkładzie.[103] (Paziński 2010: 76)

> Leżałem nieruchomo, patząc na brunatny zaciek na suficie i czekając, aż monotonne szuranie drucianych grabi wyrwie mnie z resztek snu. [...] Przejechał pociąg, znów się nie zatrzymał. Nasza mała, zapomniana stacja z odrapaną tablicą.[104] (Paziński 2010: 100)

---

103 „Aus dem Dunkel, noch weit von hier weg, wurde das Dreieck der grellgelben Lichter sichtbar. Ich mochte diesen Anblick immer. Wer fährt wohin? Welche Dinge treiben ihn an? Oder ist das vielleicht ein Zug-Gespenst, völlig leer, das in unbekannte Richtung rast und nicht vorhat irgendwo zu halten? Dieses näherte sich mit hohem Tempo. Unser Bahnhof war nicht im Fahrplan vorgesehen."

104 „Ich lag bewegungslos und blickte auf den bräunlichen Fleck an der Decke und wartete, dass das monotone Scharren der Drahtharken mich aus dem letzten bisschen

Die Schlüsse, die hieraus gezogen werden können, sind vielfältig. So symbolisiert das Vorbeifahren in beiden Fällen eher das Verpassen einer Chance und auch die Befürchtung den Weg aus diesem Ort heraus nicht mehr zu finden. Bahngleise stehen ebenso für eine stark eingeschränkte Freiheit,[105] das heißt für das Folgen gewisser eingefahrener Spuren. Diese finden sich im Buch als festgefahrene Gewohnheiten und Weltanschauungen der Alten wieder. Dies korrespondiert mit dem Gefühl des Unbehagens des Ich-Erzählers, welches sich im Verlauf der Erzählung verstärkt. Die Absicht von der älteren Generation Grundlegendes über seine Familiengeschichte zu erfahren, beziehungsweise alte Erinnerungen aufleben zu lassen, wird kaum erfüllt – der Dualismus von der als Kind eingeprägten Welt und der neu erfahrenen Welt könnte größer nicht sein: Er wird Zeuge einer Gemeinschaft, derer sich die Gesellschaft nicht mehr erinnern wird und die sich schließlich selbst überlassen bleibt – an einem Ort, der nicht auf der Bahnstrecke verzeichnet ist und somit langsam aus dem Gedächtnis der Menschen verschwindet. Diese Bewusstseinswerdung ist ebenfalls sprachlich interessant:

> Moja przeszłość tkwi we mnie głęboko, lecz kiedy staram się do niej dotrzeć, natrafiam na wydrążoną pustkę, jakbym urodził się wczoraj a wszystko co dawniej się wydarzyło, było tylko gąszczem cienistych obrazów, zetlałych i rozsypanych w drobiny atomów, o których opowiadał pan Leon. Natłok tych obrazów stwarza iluzję pamięci i podobnie jak mnogość fotografii staje się namiastką życia.[106] (Paziński 2010: 103)

Schlaf riss. [...] Ein Zug fuhr vorbei, er hielt wieder nicht an. Unser kleiner, vergessener Bahnhof mit dem abgekratzten Schild."

105 o. A.: „Stichwort: Eisenbahn/Lokomotive/Zug." In: Günter Butzer und Joachim Jacob (Hg.): *Lexikon literarischer Symbole*. Stuttgart [u. a.] 2008, S. 80-82, hier S. 81.

106 „Meine Vergangenheit steckt tief in mir drin, wenn ich jedoch versuche zu ihr zu gelangen, stoße ich auf eine hohle Leere, als sei ich gestern geboren und als sei alles, was früher geschah, nur ein Gewirr dunkler Bilder, verkohlt und verstreut in Atomteilchen, von denen Herr Leon erzählte. Die Fülle dieser Bilder erschafft eine Illusion der Erinnerung und ähnlich wie eine Menge an Fotographien wird sie zu einem Lebensersatz."

Diese Textstelle ist voller rhetorischer Figuren, was für den Erzählstil des Buches recht ungewöhnlich ist: Zum einen wird das Abstraktum „moja przeszłość" personalisiert und somit erfahrbar gemacht, zum anderen wird es wie eine Synekdoche verwendet. Die eigene Vergangenheit steht hierbei für die Vergangenheit der polnischen Juden, und damit die der Pensionsbewohner, auf deren Spuren der Erzähler sich zu befinden glaubt. Umso drastischer wiegt hier nun die Feststellung, dass er vor Ort auf eine hohle Leere „wydrążona pustka" stößt. Die Tautologie an dieser Stelle drückt Verzweiflung in hohem Maße aus und ist für den zwar empfindsamen, jedoch oft wertungsneutralen Erzählstil überraschend. Dieses Zitat führt den starken Willen des Erzählers vor Augen, zu erfahren, wer seine Vorfahren sind, welche Schicksale ihnen zuteil wurden. Gleichzeitig muss er erkennen, dass ihm wohl bald nichts mehr außer der Erinnerung über die Geschichte von Gegenständen bleibt. Die Menge dieser Andenken ist unzweifelhaft groß, erdrückt ihn geradezu. Anstatt die gesuchte Antwort auf die Frage nach der Herkunft der Gegenstände und seiner eigenen zu bekommen, bleiben allerdings nur diffuse Eindrücke – ein Gefühl, das vor allem durch die fehlende Lebhaftigkeit der Erinnerungen evoziert wird.[107]

Hiermit spricht das Buch das zentrale Thema des Generationenwechsels und des Gedächtnisses aus zweiter Hand[108] an, das nur im Bereich des medial Vermittelbaren seinen Ursprung haben kann. Kulturelle Artefakte werden somit zur einzigen Möglichkeit, Vergangenes für die noch Lebenden greifbar zu machen.

4.2.3 Autofiktionale Erzählstrategien

Dies führt unweigerlich zu einer Miteinbeziehung des persönlichen Hintergrundes des Betrachters und in diesem speziellen Falle ist eine Vermi-

[107] Diese Atmosphäre wird durch die fehlende Ereignishaftigkeit im Alltagsleben der Senioren, sowie deren Hang zu ergebnislosen Diskussionen noch einmal verdeutlicht. Unterschiedliche Vergangenheitsbilder und -deutungen finden nebeneinander keinen Platz. So entsteht der Eindruck einer Gemeinschaft, die sich nach außen hin geschlossen gibt, in der jedoch jeder für sich alleine bleibt.

[108] Marszałek 2010: S. 168.

schung zwischen Autor, erzähltem Ich und erzählendem Ich nicht abzusprechen: Wie in Kapitel 3.1 erwähnt, handelt es sich bei *Pensjonat* um die Reise an einen Ort aus der Kindheit des Autors. Piotr Paziński selbst ist Chefredakteur einer jüdischen Zeitschrift, beschreibt sich als wenig gläubig, jedoch an der jüdischen Kultur interessiert. Der Impuls zu seinem Debütwerk kam mit dem Bewusstsein, dass es an der Zeit sei, all das niederzuschreiben, an das er sich selbst noch erinnern könne. Ausgelöst wurde dieser Wunsch durch den Tod der nicht fiktiven Frau Tecia.[109] Auch wenn man im Umgang mit biographischen Einflüssen Vorsicht walten lassen muss, so kann man im Text vereinzelt Elemente ausmachen, die auf eine Mischform aus Autobiografie und fiktionaler Erzählung schließen lassen, die Autofiktion. (Gleichzeitig muss bedacht werden, dass selbst bei Literarisierung eines tatsächlich gelebten Lebens eine Form der Fiktionalisierung angewandt und der Text in der Regel vom Leser nicht mehr als autobiographisch rezipiert wird.)[110]

Während eine gewöhnliche (Auto-)Biografie den Leser alles durch eine zeitliche und räumliche Distanz sehen lässt,[111] hat man es bei *Pensjonat* noch mit einer gegenwärtigen Ebene zu tun. Beide Ebenen unterscheiden sich aber nicht in ihrer Darstellungsweise. Auf das für Biografien übliche *praesens historicum* wird ebenfalls verzichtet, das sonst einen unmittelbareren Eindruck erzeugt. Dem Leser wird somit die Möglichkeit eröffnet die Erzählung autobiografisch oder fiktional zu lesen, was auch durch die auf den ersten Blick unscharfe Trennung der beiden Erzählbereiche vereinfacht wird: „Tylko o tym co było przed wojną i o swoich bliskich, których wojna

---

[109] Sobolewska, Justyna: *Już nie ma kogo zapytać. Rozmowa z Piotrem Pazińskim.* Online verfügbar unter http://www.polityka.pl/paszportypolityki/rozmowy/1502729,1,rozmowa-z-piotrem-pazinskim.read.

[110] Erll, Astrid: „Literatur als Medium des kollektiven Gedächtnisses." In: Astrid Erll und Ansgar Nünning (Hg.): *Gedächtniskonzepte der Literaturwissenschaft. Theoretische Grundlegung und Anwendungsperspektiven.* Berlin/New York 2005, S. 249–276, hier S. 263.

[111] Kowalska-Leder 2009: S. 271.

zabrała, nie chcieli za dużo mi opowiadać“[112] (Paziński 2010: 47). Dieser Satz kann aus beiden Perspektiven gemeint sein, jedoch ist die darauf folgende Reflexion des Erzählers ein Schlüsselmoment des Buches, sodass die darin zum Ausdruck kommende Reife wohl eher dem erwachsenen Ich zugeordnet werden kann.

> Powinienem był kiedyś zapytać, teraz nie ma już kogo. Za póżno. Wcześniej było za wcześnie albo ja byłem za młody. Ze starymi nudno. Więc nie niepokojeni zabrali swoją pamięć ze sobą. Czas nie zna nawrotów, a ślady przeszłości rozsypują się prędko, jak drobiny popiołu wzniecone wiatrem, lecące ku czterem krańcom niewidzialnego świata.[113] (Paziński 2010: 48)

Zwischen dem erzählten Ich und dem erzählenden Ich scheint die Grenze verschwommen, was angesichts des Themas problematisch erscheint: Die Frage der Gattungszuschreibung hängt vom Leser und dessen Rezeption ab,[114] doch gerade Holocaustliteratur verlangt vom Autor ein hohes Maß an Glaubwürdigkeit und Vertrauen.[115] Dieses Spiel mit der Leserrezeption scheint bewusst gewählt zu sein: Zum Beispiel werden einerseits genaue Adressen in Warschau genannt „Salon Fotografii Artystycznej Haliny Skowrońskiej ›Raphael‹, Warszawa, Tłomackie 1. Tel. 504-22“[116] (Paziński 2010: 43) und gleichzeitig eine realistische Darstellung negiert, indem andererseits vage Beschreibungen verwendet werden wie „Musiało być koło południa, może ciut póżniej, […] chyba poznam drogę.“[117]

---

112 „Nur über das, was vor dem Krieg war und über ihre Nächsten, die der Krieg mitnahm, wollten sie mir nicht allzu viel erzählen.“

113 „Ich hätte irgendwann fragen sollen, jetzt gibt es niemanden mehr. Früher war es zu früh oder ich war zu jung. Die Zeit kennt keine Rückkehr und die Spuren der Vergangenheit verstreuen sich schnell, wie vom Wind aufgewirbelte, den vier Enden einer nicht sichtbaren Welt entgegenfliegende Aschebrösel.“

114 Langer, Daniela: „Autobiografie.“ In: Thomas Anz (Hg.): *Handbuch Literaturwissenschaft. Band 2. Methoden und Theorien.* Stuttgart 2007, S. 179–187, hier S. 180.

115 Quercioli-Mincer 2007: S. 214.

116 „Halina Skowrońskas Künstler-Fotostudio ‚Raphael‘, Warschau, Tłomackie 1. Tel. 504-22.“

117 „Es musste gegen Mittag sein, vielleicht ein klein wenig später, […] vielleicht erkenne ich den Weg.“

(Paziński 2010: 6) Auch während des Treffens bei Frau Tecia entdeckt der Erzähler Zeitungen wie *Życie Warszawy* und behauptet „Ile to lat temu? Można łatwo określić datę"[118] (Paziński 2010: 22) enthält dem Leser die Antwort allerdings vor.

Diese neue Tendenz in der Gegenwartsliteratur, die die Suche nach der eigenen Identität in den Vordergrund rückt, stellt auch neue Anforderungen an die äußere Form eines ganzen Genres, wie der polnische Literaturhistoriker Przemysław Czapliński festhält: „Chodzi więc o formę przekraczającą fikcyjność, odzwierciedlającą wielość porządków świata, a zarazem tak fikcyjną, jak nie skrycie fikcyjna jest dzisiejsza rzeczywistość."[119] Diese Unklarheit bringt das erzählende Ich auch in Selbstzweifeln zum Ausdruck: „Zdaje mi się, że wszystko co tutaj robię, to archeologia pamięci zapadłej w mroku"[120] (Paziński 2010: 73). Tatsächlich aber erlaubt die Verwendung der Metapher ‚archeologia pamięci' auch die Verwendung eines ebenso bruchstückhaften Erzählstils, bei dem der Leser oft den Eindruck gewinnt, dass der Autor selbst nicht genau absehen konnte, aus welcher Perspektive gesprochen werden sollte. Das Anschreiben gegen Vergessen und Schweigen stellt für diese Art der Darstellung eine Legimitation dar[121] und gleichzeitig weist die brüchige Erzählweise auf eine ebenso brüchige Identität hin.[122]

Wenn es in dieser Erzählung eine Erklärung gibt, dann liegt diese möglicherweise auf einer außertextuellen Ebene.[123] Im Hinblick auf die aktuellen

118 „Vor wie viel Jahren war das? Man konnte das Datum leicht bestimmen."

119 „Es geht also um eine Form, die die Fiktion überschreitet, die eine Vielzahl von Weltordnungen widerspiegelt und zugleich um eine, die so fiktiv ist wie die heutige Wirklichkeit." Fanti, Silvano de: „Rozdział XII. Od roku 1956 do końca wieku." In: Luigi Marinelli (Hg.): *Historia Literatury Polskiej*. Wrocław 2009, S. 364–414, hier S. 414.

120 „Mir scheint, als sei all das, was ich hier tue im Dunkel versunkene Gedächtnisarchäologie."

121 Marszałek 2010: S. 164.

122 Ricoeur, Paul: „Nadużycia pamięci naturalnej: pamięć powstrzymana, pamięć manipulowana." In: *Konteksty. Polska sztuka ludowa* 1-2/2003, S. 41–54, hier S. 47.

123 Janiak, Agnieszka: „Dydaktyzm współczesnej prozy polskiej stylizowanej na autobiografię." In: Beata Gontarz und Małgorzata Krakowiak (Hg.): *Świat przez pryzmat „ja"*. Katowice 2006, S. 208–215, hier S. 209.

Debatten um den Umgang mit jüdischem Erbe und Kultur in Polen ist dies ein für die Analyse Erfolg versprechender Punkt, der in Kapitel 5 thematisiert wird.

4.3. Ślicznotka doktora Josefa

4.3.1 Untersuchungen auf makrostilistischer Ebene

Die Komposition der ersten Kapitel verdient besondere Aufmerksamkeit: Gleich zu Beginn des Buches wird der Leser unmittelbar in eine Szenerie von Grauenhaftigkeiten geführt, da das erste Kapitel eine Atmosphäre kreiert, die Abscheu und Ekel hervorruft.

> Kiedy po raz pierwszy stanęła przed doktorem Josefem, dwunastoletnia i naga, wyczuła jego zachwyt. [...] Stała w gromadzie bliźniąt, garbatych, chromych i karłów. Pomiędzy dziećmi o zdeformowanych kończynach, które już za kilka tygodni wystawią w muzeum biologiczynym. [...] Pokazali mu również cygańskie maleństwa o pięknych zębach i dokonale wysklepionych czaszkach, które po wygotowaniu ozdobią wiele biurek.[124] (Rudzka 2006: 7)

Auffallend hierbei sind die noch gewahrte Anonymität der beteiligten Personen, sowie die Tatsache, dass das komplette Kapitel ausschließlich aus derartigen Schilderungen besteht. Der Kontrast, der im zweiten Kapitel mit der Darstellung des Altenheimes vollzogen wird, könnte einerseits nicht extremer sein. Andererseits wird auch hier der Fokus auffällig stark auf den Körper gelegt:

> „Policzki w sińcach, ranach, ropnych zadrapaniach. Bibułkowe powieki. Wzdęte chorobą brzuchy. Pobrużdżone dłonie. Sękate palce. [...] Przysiadła na

[124] „Als sie zum ersten Mal vor Doktor Josef stand, als Zwölfjährige, nackt, spürte sie sein Entzücken. [...] Sie stand in der großen Schar der Zwillinge, der Buckligen, Hinkenden, Zwergwüchsigen. Zwischen Kindern, deren mißgestaltete Extremitäten in ein paar Wochen schon im Biologischen Museum ausgestellt sein werden. [...] Man führte ihm auch kleine Zigeunerkinder vor mit schönen Zähnen und makellos gewölbten Schädeln, die entsprechend präpariert viele Schreibtische zieren werden.“ Rudzka 2009: S. 7.

moment. Wyjęła puderniczkę. Poprawiła pukiel włosów nad uchem. Długo oglądała się w małym, owalnym lusterku. "[125] (Rudzka 2006: 9f.)

Die merkwürdig facettenreiche Schilderung des Wortfeldes ‚Körperlichkeit' (Forschungsobjekt, Dekorationsgegenstand, Verfall, Schönheit) steht programmatisch für den gesamten Verlauf des Buches. Somit zeichnet sich bereits auf den ersten drei Seiten eines der Hauptisotope dieses Buches ab. Versucht man die hier angesprochenen semantischen Felder Jugend und Alter näher zu definieren, wird deutlich, warum sich der Leser bereits zu Beginn verunsichert fühlt:

Semantisches Feld: Jugend	**Semantisches Feld: Alter**
gewaltsamer Tod	Attraktivität Frau Czechnas
Unschuldigkeit	Verfall, Würdelosigkeit
Umgebung: verkrüppelte, deformierte Kinder	Umgebung: Krankheit
Schutzlosigkeit/Ausgeliefertsein	Bewegungslosigkeit
„Verwertung" des Körpers	kosmetische Maßnahmen (dem Altern entgegen wirken wollen)
verfrühte sexuelle Anziehungskraft	

Die allgemeingültigen Vorstellungen über die Körperlichkeit in den jeweiligen Lebensabschnitten werden hier *ad absurdum* geführt. Diese Felder werden im Verlauf der Erzählung durch permanente Wiederholung weiter bestätigt. Laut Lotman kann man die beständige Wiederholung als Gedrängtheit verstehen, die dazu dient, Sachverhalte als „semantisch unauflösbares Ganzes"[126] zu betrachten. So erfährt das eigentliche Bild von Alter und Alterungsprozess mit Aussagen wie „Ja zawsze o siebie dbałam", „Jestem wdową. Ale się nie zaniedbuję jak inne pensonariuszki", „Nadal

[125] „Wangen mit blauen Flecken, Wunden, eiternden Kratzern. Löschpapierlider. Krank haft aufgedunsene Bäuche. Zerfurchte Hände. Knotige Finger. [...] Sie setzte sich einen Augenblick hin. Nahm ihre Puderdose heraus. Richtete sich ein Haarbüschel über dem Ohr. Betrachtete sich lange in dem kleinen ovalen Spiegel." Rudzka 2009: S. 9f.

[126] Lotman 1993: S. 134.

jeszcze mam dużo kosmetyków. Trzeba ładnie wyglądać."[127] (Rudzka 2006: 18, 66, 196) eine positive Umwertung. Das Bild der jugendlichen Schönheit wird hingegen oft mit dem Gefühl der Instrumentalisierung, als eine Art Lebensversicherung im Konzentrationslager verzerrt: „Trzeba być zadbaną, wtedy wiadomo, że jest się zdrowa. Wyglądałam jak laleczka, dlatego przeżyłam."[128] (Rudzka 2006: 72)

Das schockierende Moment, das die Lektüre oft erschwert, ist eben genau diese Neubesetzung alter kulturell gewachsener semantischer Felder. Jedoch steigert sich das Unbehagen auch durch den mehr als lakonischen, fast zynischen Stil mit dem Frau Czechna an ihre Kindheitserfahrungen erinnert:

> „Czasami myślę o tych kobietach w obozie. Ogolone. W strupach. Tak chude, że bez piersi. Zaduszone. Wyciągniete z komory gazowej z na wpół urodzonymi martwymi dziećmi. A grupa kilkulatów trzymających się za ręce na spacerze do komina. W kożuszkach z wszy."[129] (Rudzka 2006: 103)

Interessant ist in diesem Zusammenhang die Erzählhaltung: Während sich Frau Czechnas direkte Rede meist um die Hervorhebung der eigenen Schönheit und die Schilderung des Überlebens dreht, das oft sehr verkürzt dargestellt wird, kommt dem extradiegetischen Erzähler eine besondere Rolle zu. Einerseits verhält er sich recht distanziert und wenig empathisch in der Beschreibung der weiteren Mitbewohner. Diese Passagen zeichnen sich durch häufige Parataxenverwendung aus, die den Eindruck von Monotonie unterstützen: „Wypłakiwał. W sobie. Bezgłośnie. Pociągał nosem,

---

127 „Ich war immer gepflegt", „Ich bin Witwe. Aber ich vernachlässige mich nicht, so wie die anderen Frauen hier im Heim", „Ich habe immer noch viel Schminke. Man muß hübsch aussehen." Rudzka 2009: S. 18, 71, 216.

128 „Man muß gepflegt sein, dann sieht man auch, daß jemand gesund ist. Ich sah aus wie ein Püppchen, deshalb habe ich auch überlebt." Rudzka 2009: S. 78.

129 „Manchmal denke ich an diese Frauen im Lager. Rasiert. Schorfverkrustet. So mager, daß sie keine Brüste mehr hatten. Erstickt. Wie sie mit ihren halbgeborenen toten Kindern aus der Gaskammer geschleift wurden. Und ein paar Backfische, die sich beim Spaziergang in den Kamin an der Hand hielten. Im Pelz aus Läusen." Rudzka 2009: S. 113.

jakby chciał wstrzymać katar."[130] (Rudzka 2006: 279) Vielmehr legt der Erzähler auf die umfassende Beschreibung des Alltags im Seniorenheim wert, die die Senioren jedoch eher als Kranke darstellt und jeglicher Empathie ermangelt: „Większość gniotła w dłoni chusteczki. Personel dbał, żeby nie były papierowe. Łatwe do półknięcia. Niebezpiecznie przyklejające się do ust, protez, wilgotnych nosów."[131] (Rudzka 2006: 170) Andererseits vermag der Erzähler es, das Gefühlsleben der beiden Zwillingsschwestern genauer zu beschreiben und den oft irritierenden Handlungen und Aussagen beider Frauen Ordnung zu verleihen.

Er übernimmt ebenfalls die den Hauptfiguren fehlende Fähigkeit zur Introspektion.[132] Durch die bewusste Anwendung des Präsens (direkte Erinnerungen an Doktor Josef werden von Czechna im Präteritum geschildert) ist zusätzlich eine Unmittelbarkeit zwischen dem Leser und dem Geschehen hergestellt:

> Znowu się do niej zbliża. Doktor Josef. Smagły. Równy niebu. Nieobecny. [...] Śmieje się. Głośno. Hałaśliwie. Chłopieco. Śmieje się ustami. Żarłocznymi. Ssącymi [...] Pokazuje, że ma się wyciągnąć. Nagimi plecami warować na metalowym blacie pokrytym strupami obcych wydzielin.[133] (Rudzka 2006: 204f.)

Trotz der außenstehenden Position des Narrators bestimmt dieser den Verlauf und die Komposition der Geschichte erheblich mit. Die Verwendung des Präsens in diesem Zitat weist auf einen posttraumatischen Charakter

---

130 „Er weinte oft. In sich hinein. Lautlos. Schniefte, als unterdrückte er einen Schnupfen." Rudzka 2009: S. 309.

131 „Die meisten knüllten ein Taschentuch in der Hand. Das Personal sorgte dafür, daß es keine Papiertaschentücher waren. Die ließen sich leicht schlucken. Blieben gefährlich an Mund, Gebiß, feuchten Nasen kleben." Rudzka 2009: S. 188.

132 Schmid 2007: S. 110.

133 „Er kommt wieder auf sie zu. Doktor Josef. Schlank. Himmelsgleich. Ungegenwärtig. [...] Lacht. Laut. Lärmend. Jungenhaft. Lacht mit dem Mund. Dem gefräßigsten. Saugenden. [...] Zeigt, daß sie sich ausstrecken soll. Mit nackten Schultern auf die Metallplatte rücken, die mit den Spuren der Ausscheidungen Fremder bedeckt ist." Rudzka 2009: S. 226f.

hin, bei dem sich das Hier und Jetzt mit dem Vergangenen vermischt und nicht trennen lässt.[134]

Zur Gegenüberstellung der Art des Erinnerns, wie sie für die alte Frau Czechna üblich ist, dient folgendes Beispiel, bei dem auch die Unmittelbarkeit der Erzählebenenänderung deutlich wird. Dabei handelt es sich um eine Szene, bei der die offensichtlichen Alterserscheinungen Herrn Henochs, wie Händezittern und Inkontinenz, zuerst Mitleid in ihr Erwecken:

> Wyciągneła do niego rękę. Uszczypnęła go przyjaźnie w łokieć. Do jej nosa doszedł bijący od poety odór kału. Odsunęła się. Doktor Josef. Taki ładny pan. Czysty. Pachniał pięknie. Mocno. Chciała być bliżej niego, bo wtedy nie czuła odoru spalonego ludziego mięsa, którym przesiąkła. (Rudzka 2006: 90)[135]

Ein weiteres Merkmal auf makrostilistischer Ebene wird hier bereits deutlich, nämlich eine starke Allegorienbildung: Eine Allegorie liegt dann vor, wenn ein Geflecht von Einzelmetaphern vorliegt, das heißt ganze Textabschnitte, oder gar der vollständige Text uneigentliche Redeweisen enthalten, die eine zweifache Interpretation nahe legen oder sogar verlangen.[136] Der in den ersten Kapiteln angelegte Grundkonflikt KZ/Seniorenheim erfährt im Verlaufe der Erzählung eine Verstärkung. Die im oben genannten Zitat erwähnten unangenehmen Gerüche wecken die Erinnerung an den unerträglichen Gestank des Krematoriums. Somit wird ebenfalls eine Parallele zwischen altersbedingtem körperlichem Verfall und bewusst herbeigeführtem Tod etabliert.

Auch die Auswahl bestimmter Orte oder Personen lässt die Absicht zur bewussten Analogiebildung erkennen. So tritt der Leiter des Seniorenheims mit einer ungewöhnlichen Strenge und ohne das eigentlich zu erwartende Verständnis für altersbedingte Unannehmlichkeiten auf:

---

134 Ubertowska 2010: S. 203.

135 „Sie streckte die Hand nach ihm aus. Drückte ihm freundschaftlich den Ellbogen. Der Kotgeruch des Dichters stieg ihr in die Nase, und sie fuhr zurück. Doktor Josef. So ein gutaussehender Herr. Sauber. Er duftete gut. Stark. Sie wollte in seiner Nähe sein, dann roch sie nicht den Gestank des verbrannten Menschenfleisches, der ihr in jeder Pore saß." Rudzka 2009: S. 98f.

136 Meyer 2007: S. 105.

> Można nie zdążyć do toalety, obsikać pantofle czy spodnie, a popuszczania w majtki to już na pewno nie da się ukryć. Tylko w zeszłym tygodniu dwóch panów zostało ze tego powodu oddelegowanych do domu nad jeziorem. Dyrektor wyławiał chorych w czasie posiłków. Krążył, krążył pomiędzy stolikami, aż wreszcie z szerokim uśmiechem na twarzy zatrzymywał się przed którymś z delikwentów.[137] (Rudzka 2006: 43f.)

Diese Selektionsprozedur weist erstaunliche Ähnlichkeit mit jener Doktor Josefs auf, der sich in aller Ruhe sein nächstes Versuchsopfer sucht (Rudzka 2006: 174, Rudzka 2009: 192). Zudem wird mit der Auswahl des Zeitpunktes auch ein gewisser sadistischer Charakterzug des Direktors deutlich: Noch während des Essens, das das einzige den Tag strukturierende und zugleich für Abwechslung sorgende Element für die Bewohner darstellt, werden die Bewohner gezwungen, das Heim zu verlassen um in das Haus am See zu ziehen, um welches unter den Bewohnern verschiedene Schauergeschichten kreisen. Dabei ist auch die Bezeichnung „delikwent" im Hinblick auf die Art des Vergehens mehr als unangemessen: Einnässen bedeutet für die Bewohner genauso eine Verlegung wie schlechter Atem, was der Direktor auch noch höhnisch kommentiert „Panie Szymonie, ale panu capi z pyska, jak staremu wyżłowi. Panie Mironie, niech mi już pan z łaski swojej nie mówi dzień dobry, bo rzygać się chce"[138] (Rudzka 2006: 44). Die Bestrafung von Vergehen, die eigentlich gar keine sind, macht eine Übertragung des Sachverhaltes auf die allgegenwärtige Willkür im KZ leicht (Rudzka 2006: 174, Rudzka 2009: 192) und auch das Haus am See wird von den meisten Bewohnern als sicherer Weg in den (vorsätzlich herbeigeführten) Tod wahrgenommen: „To nie dom, ale poczekalnia na

[137] „Es kam vor, daß ein Mann es nicht zur Toilette schaffte, sich auf die Pantoffeln oder die Hose pinkelte, und wenn es in die Unterhose ging, dann ließ es sich auf gar keinen Fall mehr verbergen. Erst letzte Woche waren aus diesem Grund zwei Herren ins Haus am See verschickt worden. Der Direktor fischte die Kranken während der Mahlzeiten heraus. Er kreiste zwischen den Tischen, hierhin und dorthin, und blieb schließlich mit einem breiten Lächeln auf dem Gesicht vor einem Delinquenten stehen." Rudzka 2009: S. 46.

[138] „Herr Szymon, aber Sie stinken aus dem Mund wie ein toter Gendarm aus dem Arsch. Herr Miron, seien Sie so freundlich und sagen Sie mir nicht mehr guten Tag, sonst muß ich kotzen." Rudzka 2009: S. 46.

gilotynę."[139] (Rudzka 2006: 97) Die Entscheidung wer wann und aus welchem Grund dorthin verlegt wird, unterliegt allein der Willkür des Heimleiters.

Auch die einzigen aufhellenden Augenblicke im Heimleben wie das eigentlich alljährliche Sommerkonzert werden von ihm mit der Begründung abgesagt, dass sich eine solche Investition nicht lohne, da die Hälfte der Bewohner die Darbietung entweder verschlafen, oder sie mit Husten oder dem Unvermögen still zu sitzen, stören würde (Rudzka 2006: 122, Rudzka 2009: 134).

Neben diesen fragwürdigen Allegorien rahmen, wie bereits in *Pensjonat*, Naturbeschreibungen das Geschehen auf der Makroebene: Oft wird in den einleitenden Sätzen der Kapitel der nahende Sommer erwähnt und die Angst, die dadurch in den Bewohnern geweckt wird: „Wszyscy bali się lata, ale nikt o tym nie mówił.", „Świat roztapiał się w cieple.", „Lato tężało, coraz bliżej pełni. Przedpołudniami jeszcze można było wytrzymać. Póżniej żar lał się z nieba."[140] (Rudzka 2006: 9, 95, 119) Im letzten Teil des Buches wird deutlich, woher dieses Unbehagen rührt. Aufgrund der Hitzewelle ordnet der Heimleiter Wassersparmaßnahmen an, die die Bewohner dazu zwingt zu fünft zu duschen, das heißt sich von den Pflegerinnen einseifen und anschließend mit einem Gartenschlauch abspülen zu lassen. Abgesehen von der Beraubung jeglicher Privatsphäre erinnert dies erneut an die Zustände in Arbeits- und Konzentrationslagern. Der angeblich natürliche Tod ausgerechnet einer Dame, die sich den Sparmaßnahmen widersetzte, nimmt die Gemeinschaft gelassen auf und es bleibt der Zweifel an der Natürlichkeit des Todes, da sie sich nicht von allein ertränkt haben konnte (Rudzka 2006: 236, Rudzka 2009: 261). Die Sparmaßnahmen weiten sich derart aus, dass in den Badezimmern das Wasser ganz abgestellt wird

[139] „Das ist kein Heim, sondern ein Wartesaal vor der Guillotine." Rudzka 2009: S. 106.

[140] „Alle hatten Angst vor dem Sommer, aber keine redete darüber.", „Die Welt zerfloß in der Wärme.", „Der Sommer wurde immer mächtiger, ging mit großen Schritten seiner Vollendung zu. Vormittags ließ es sich noch aushalten. Später am Tag ergoß sich die Gluthitze aus dem Himmel." Rudzka 2009: S. 9, 104, 131.

(Rudzka 2006: 258, Rudzka 2009: 285). Im gesamten Heim herrscht somit eine Atmosphäre der Angst und Bedrücktheit. Die Pflegerinnen stellen in den Augen der Heimbewohner eher Helfer des Heimleiters dar, die bestrebt sind möglichst viele Senioren zu verraten, um somit deren Verlegung in das Haus am See zu erzwingen: „Pani Czechna była wyraźnie zmęczona. Żeby tylko dyrektor nie zauważył.", „a wiadomo jakie są opiekunki. Zaraz doniosą i wyślą do domu nad jeziorem."[141] (Rudzka 2006: 99, 165) Angesicht der Sommerhitze bewirken die Maßnahmen eine rapide Verschlechterung des Gesundheitszustandes der Bewohnerschaft: „Pensjonariusze psuli się szybko. Pokancerowani. W plamach. W liszajach. Strupach. Wyżłobieniach. Jakby *cellulitis* wdarł się na twarz. Obślinieni. Spoceni. Dyszeli. Dygotali. Kwilili. Szukali nie wiadomo czego."[142] (Rudzka 2006: 271) Fast scheint es, als seien die Senioren selbst in eine Art Versuchsanstalt geraten, deren letzte Station die Verlegung in das Haus am See ist. Auf makrostilistischer Ebene ist also klar die Allegoriebildung zwischen dem Konzentrationslager Auschwitz und dem Leben der Pensionäre hervorzuheben. Dies geschieht mittels permanenter Umdeutung von kulturell gewachsenen Signifikaten.

4.3.2 Posttraumatische Erzählstrategien

Durch die starke Allegorienbildung wird im Text auf die Verwendung rhetorischer Figuren und anderer Stilmittel weitestgehend verzichtet. Die Erzählstimme bedient sich einer einfachen, schmucklosen Syntax, die das Heimleben in einem sehr realistischen und unverbrämten Licht erscheinen lässt. Daher wird im Folgenden auf eine Analyse unter mikrostilistischen

141 „Frau Czechna war sichtbar erschöpft. Wenn bloß der Direktor nichts davon merkt.", „und unsere Betreuerinnen, die kennen wir ja. Sofort schwärzen sie einen an und lassen ihn ins Haus am See schicken." Rudzka 2009: S.108, 182.

142 „Mit den Heimbewohnern ging es schnell bergab. Sie hatten Krebs. Ausschlag. Geschwüre. Eiterungen. Als sei ihnen die Zellulitis aufs Gesicht geschlagen. Besabbert. Verschwitzt. Sie keuchten. Zitterten. Wimmerten. Suchten wer weiß was." Rudzka 2009: S. 200.
Das im polnischen Original genutzte Verb „psuć się" (verderben, kaputt gehen) besitzt in diesem Fall eine deutlich diskriminierende Färbung, da es prinzipiell nur im Zusammenhang mit Gegenständen verwendet wird.

Gesichtspunkten zu Gunsten der Erfassung eines weiteren bedeutsamen Problems im Buch verzichtet.

In *Ślicznotka doktora Josefa* legt die Kindheitserfahrung einen besonderen Zugang zur Problematik des Holocaust offen: Die Zeitsprünge und temporären Perspektivwechsel sowohl des Erzählers als auch der Hauptfigur Czechna sind besondere Merkmale für einen posttraumatisch geprägten Erzählstil.[143] Die klar sexuell konnotierten, aber für Frau Czechna so nicht verstandenen Erlebnisse im Lager manifestieren sich in ihrem Leben in unterschiedlichen Phobien und Zwängen. Die literarische Aufarbeitung dessen soll einen weiteren Analysepunkt darstellen:

Einen Hauptgrund für die äußerst seltene Verbindung des Themas Holocaust mit Sexualität erläutert Bożena Karwowska. Es existierte lange Zeit ein Konsens darüber, dass die Literatur der Lagererfahrungen keine ästhetische Funktion übernehmen könne, denn durch die Schwere des Themas seien jegliche Grenzen literarischer Darstellung sowieso obsolet. Daher ziemte es sich, sich dem Holocaust und auch dem Lageralltag, der nicht unmittelbar mit den Verbrechen in Verbindung stand, auf intellektuell hohem Niveau zu nähern. Die aber ganz und gar banale Körperlichkeit der Erfahrungen musste erst in diese Sphäre des Denkens übersetzt werden, um so überhaupt zum Thema gemacht werden zu können.[144] Dies erklärt die Verzögerung mit der dieses zunächst marginalisierte Thema Gegenstand literarischer Auseinandersetzungen wurde.

Daher ist auch die Intensität der Darstellung, mit der sich Zyta Rudzka dieser Problematik nähert, zunächst gewöhnungsbedürftig. Nicht darin, dass im Konzentrationslager Menschen zu Forschungsobjekten degradiert werden, sondern vor allem in der tiefen seelischen Bindung, die Frau Czechna zu ihrem Peiniger aufbaut, liegt das eigentlich ‚Unerhörte' im Umgang mit diesem Thema. Als Zwölfjährige befindet sie sich an der Schwelle des Erwachsenseins und so vermischt sich kindliches Schamgefühl gegenüber Fremden mit dem (Un-)Bewusstsein der Anziehungskraft

143 Ubertowska 2007: S. 258.
144 Karwowska, Bożena: *Ciało. Seksualność. Obozy zagłady*. Kraków 2009, S. 8f.

des reifenden Körpers. Für den Leser ist es jedoch schwer festzustellen, inwiefern Doktor Josef mehr als nur ein reines Forschungsinteresse an dem Mädchen zeigt. Lediglich Zitate wie „Doktor Josef żarł ją wzrokiem. A ona patrzyła mu prosto w oczy. Cieszyło go, jak z nim pogrywa. Wybrał ją sobie. Ta mała ściąga na siebie śmierć, a on bedzie jej w tej zabawie pomagał“[145] (Rudzka 2006: 123) könnten auf ein zusätzliches privates Interesse an dem Mädchen hindeuten. Daher wirkt die sexuelle Konnotation, die mit Zitaten wie dem folgenden zum Ausdruck kommt, umso drastischer:

> Ona jest tu po to, by on się nienawidził. Podziw doktora Josefa powinien być niemy. Może tylko mościć się w niej. Skalpelem. Strzykawką. Igłą. Bakteriami. Sondą. Wić się w niej. Dosięgać. Nacinać. Rozcinać. Plądrować. Wycinać. Prowokować obrzęki. Ropnie. Dobrze, że krwawi. Ciężką, ciemną krwią, jakby wątrobianą. Niech się zatacza. Niech z niej wypływa. Mętna. Brązowa ciecz. Brudna. Cuchnąca benzyną. Niech traci głos. Niech ssie szmatę. Niech leży w kałuży ze swojego ciała. [...] Pomocnik w chałacie nie zaknebluje jej ust. Nie zrobi tego. Przyzwala, by żyła. Obserwowanie jej bólu jest piękniejsze niż rzucenie jej ścierwa na taczkę.[146] (Rudzka 2006: 206f)

Das Eindringen mit verschiedenen medizinischen Werkzeugen evoziert beim Leser das Gefühl einer Art Entjungferung beizuwohnen. Die sadistische Entzückung Josefs angesichts der heftigen Reaktionen seines For-

---

145 „Doktor Josef verschlang sie mit Blicken. Und sie schaute ihm direkt in die Augen. Es macht ihm Spaß, wie sie mit ihm spielte. Er hatte sie sich ausgesucht. Diese Kleine zog den Tod auf sich, und er wollte ihr bei diesem Spiel helfen.“ Rudzka 2009: S. 135.

146 „Sie ist hier, damit er sich haßt. Doktor Josefs Bewunderung soll stumm sein. Sich vielleicht nur in ihr einnisten. Mit dem Skalpell. Der Nadel. Der Spritze. Bakterien. Einer Sonde. Sich in sie bohren. Zustechen. Schneiden. Zerschneiden. Sie plündern. Ausschneiden. Geschwülste provozieren. Sie eitert. Gut, daß sie blutet. Schweres, dunkles Blut, wie aus der Leber. Soll es strömen. Aus ihr fließen. Trüb. Ein brauner Ausfluß. Schmutzig. Stinkendes Benzin. Soll ihr die Stimme versagen. Soll sie an Lumpen lutschen. Soll sie in der Pfütze ihres Körpers liegen. [...] Der Helfer im Kittel knebelt ihr den Mund. Nicht er selbst. Er erlaubt, daß sie lebt. Die Beobachtung ihres Schmerzes ist schöner, als ihren Kadaver auf die Schubkarre zu werfen.“ Rudzka 2009: S. 228f.
Hier liegt offenbar ein Fehler in der Übersetzung vor. Es muss heißen: „Der Helfer im Kittel knebelt ihr nicht den Mund. Er wird das nicht tun.“

schungsobjekts ist gleichzeitig eine sehr willkürliche und instabile Form der Begeisterung: Fielen diese unspektakulärer aus, würde dem Kadaver (ścierwo) eine ebenso unverzügliche Entsorgung drohen. Die Verwendung dieses Wortes hier drückt auch die Dehumanisierung aus, da der noch lebende Körper bereits mit Aas gleichgesetzt wird. In der Darstellung des Unvorstellbaren liegt folgende Absicht: Der Vermischung von KZ-Erfahrungen mit Sexualität und Masochismus entwächst eine von Degout gekennzeichnete Atmosphäre, die viele Fragen aufwirft und den Leser ratlos zurücklässt. Gleichzeitig wird anhand dieser Ratlosigkeit dem Rezipienten folgendes bewusst: Nämlich genau jenes Unvermögen, auszudrücken, was in diesen Experimenten passiert ist – eben auf eine heutige emotionale Ebene übersetzt.[147]

Dieses Zitat ist insofern eine Ausnahme, als hier im Eingangssatz auch der erste deutlich artikulierte Hinweis auf die psychopathische Person des Arztes angelegt ist – eine Tatsache, die kurioserweise fast in den Hintergrund gerät. Dies liegt vor allem an den vorhergehenden Schilderungen Czechnas, in denen zwei unterschiedliche Bilder des Arztes entworfen werden.

Einerseits verweist die Verwendung des Vornamens Josef bereits auf ein sehr vertrautes Verhältnis, das wahrscheinlich auch daher rührt, dass sich Leokadia und Czechna nach dem Verlust der Eltern eine Bezugsperson suchten. Dafür würde auch die bis heute unverändert kindliche Sicht Czechnas sprechen, die fast einer liebevollen Beschreibung gleichkommt:

> Zawsze miał doskonale uszyty mundur. Dopasowany. Podkreślający sylwetkę […] Wyglądał jak magik. W białych rękawiczkach, z elegancką szpicrutą, którą smagał cholewę. Lubiła przed nim stawać. Podnosić do góry ramiona. Obracać się w koło. Jeszcze raz i jeszcze raz[148]. (Rudzka 2006: 90)

---

[147] Jamrozek-Sowa, Anna: „Wojna raz jeszcze. Obrazy II wojny światowej w prozie lat dziewięćdziesiątych.“ In: Tomasz Cieślak und Krystyna Pietrych (Hg.): *Literatura polska 1990-2000. Tom II.* Kraków 2002, S. 88–110, hier S. 98.

[148] „Er trug immer eine tadellos genähte Uniform. Auf ihn zugeschnitten. Figurbetont. [...] Ersah aus wie ein Zauberer. In weißen Handschuhen, mit einer langen Gerte, die er gegen den Stiefelschaft schlagen ließ. Sie hatte es gern, wenn sie vor ihn antreten

> Pewnego dnia doktor Josef był bardzo przygnębiony [...] Widziała jaki był smutny. Zmęczony od biegania po rampie, od wrzeszczenia na komando, od uciszania rozszczekanych owczarów.[149] (Rudzka 2006: 173f.)

Die Identifikation mit dem Peiniger und der Versuch, dem Ganzen einen Anschein von Spiel zu verleihen, sowie die vorurteilsfreie naive Herangehensweise eines Kindes erwecken Abscheu, [150] die fast noch unerträglicher ist, als die zuvor beschriebene Szene auf dem Seziertisch. Besonders schwer wiegt dieser Eindruck angesichts der Tatsache, dass Czechna ihre eigene Mutter nicht mehr vor Augen hat, sich wohl aber noch sehr genau an den Seziertisch des Arztes erinnern kann (Rudzka 2006: 68f, Rudzka 2009: 74) und in den Beschreibungen Doktor Josefs oft eine väterliche Komponente heraus sticht: „Głaskał jej długie włosy, odgarniał do tyłu".[151] (Rudzka 2006: 12)

Der tägliche Kampf ums Überleben stellt im Lager die einzige Realität dar und ebenso sind Gedanken und Körper vollends den Mechanismen der Welt des Lagers untergeordnet[152] – ein Dualismus, der Czechna auch im Erwachsenenalter nicht mehr los lässt und die Erinnerungen hieran sie bei fehlender Ablenkung einholen (Rudzka 2006: 149). Der Körper erscheint als *das* den Wert eines Menschen definierende Mittel. Ähnlich wie in den Erinnerungen Stanisław Grzesiuks *Pięć lat kacetu* (1972) ist der Körper mit dem Text gleichgesetzt. Nur er kommuniziert, was in und mit dem Menschen passiert.[153] Dies könnte als Erklärungsversuch für das fast schon pathologische Interesse am eigenen Körper der beiden Schwestern dienen: Während sich die bulimiekranke Leokadia mit penibler Genauigkeit ihrem

---

mußte. Die Arme hob. Sich im Kreis drehte. Noch einmal und noch einmal." Rudzka 2009: S. 99.

[149] „Eines Tages war Doktor Josef sehr niedergeschlagen. [...] Sie sah, wie traurig er war. Erschöpft vom Hinundherlaufen auf der Rampe, vom Brüllen der Kommandos, vom Anschreien der zähnefletschenden Schäferhunde." Rudzka 2009: S. 191f.

[150] Reiter, Andrea: „The Holocaust as seen through the Eyes of Children." In: Andres Leak und George Paizis (Hg.): *The Holocaust and the Text*. Houndmills [u. a.] 2000, S. 83–96, hier S. 89.

[151] „Er strich über ihr langes Haar, legte es nach hinten" Rudzka 2009: S. 12.

[152] Karwowska 2009: S. 23.

[153] Karwowska 2009: S. 24.

Erbrochenen widmet (Rudzka 2006: 30, Rudzka 2009: 32f.), rühmt sich Czechna mit der bis heute intakten Jugendlichkeit, die ihr damals den Titel ‚Miss Auschwitz' eingebracht haben soll (Rudzka 2006: 67, Rudzka 2009: 72).

Insgesamt ist auffallend, dass ein wirklicher Versuch der Erklärung des Traumas zunächst nur durch den Erzähler erfolgen kann. Die redundanten Ausrufe Czechnas („Dopóki ładnie wyglądam, znaczy, że jeszcze żyję"[154] Rudzka 2006: 66) ergäben ohne die zusätzliche Außenperspektive keinen tieferen Sinn. Mitunter verstärkt sich der Eindruck, dass Frau Czechna somit auf eine Ebene mit den vor sich hinvegetierenden Senioren gestellt werden soll, die ebenso wenig realisieren, wie oft sich ihre Aussagen wiederholen. In der dadurch suggerierten Senilität liegt auch ein gewisses Zugeständnis an Frau Czechna, sich so verhalten zu *dürfen*. Die Unerhörtheit mancher ihrer Äußerungen und ihres Verhaltens relativieren sich somit.

Das im Kindesalter erfahrene Trauma schlägt sich auch im Eheleben beider Frauen nieder. Eine wirkliche Aufarbeitung scheint allein schon deshalb unmöglich, da die dafür erforderlichen geistigen und seelischen Grundlagen dem erlittenen Terror zum Opfer gefallen sind. Dazu zählen laut Lawrence Langer ein eigener Wille, die Möglichkeit zur Wahl, Überlegungskraft und Erwartungssicherheit,[155] also jene Voraussetzungen die die physische und psychische Integrität des Einzelnen garantieren könnten. Stattdessen findet man in *Ślicznotka doktora Josefa* sogar die Weiterführung der Traumatisierung im eigenen Privatleben. So zum Beispiel verlangt der ebenfalls durch Lagererfahrungen gezeichnete Ehemann von Frau Leokadia das Anlegen eines Sträflingsanzuges wofür Leokadia sogar noch Verständnis aufbringt: „Przestań, przecież miał chorobę alkoholową."[156] (Rudzka 2006: 108) Irritierend ist, dass die Erfahrungen der Schwestern

[154] „Solange ich hübsch aussehe, lebe ich." Rudzka 2009: S. 72.

[155] Assmann, Aleida: „Stabilisatoren der Erinnerung – Affekt, Symbol, Trauma." In: Jörn Rüsen und Jürgen Straub (Hg.): *Die dunkle Spur der Vergangenheit. Psychoanalytische Zugänge zum Geschichtsbewusstsein.* Frankfurt am Main 1998, S. 131–152, hier S. 147.

[156] „Hör auf, er war krank, er war Alkoholiker" Rudzka 2009: S. 118.

von außenstehenden Personen bagatellisiert werden: „A, jak miał chorobę, to co innego. Zgodził się Pan Henoch“[157] (ebd.). Ebenso verhält es sich als Frau Czechna nach Jahrzehnten am Hauptbahnhof in Wrocław einen Gehilfen Doktor Josefs zu erkennen glaubt und einen von lautem Geschrei begleiteten Nervenzusammenbruch erleidet: „Zaopiekujemy się panią. To chora osoba. Pan doktor musi to rozumieć [...] Wielu obywatelom wydaje się, że widzieli gdzieś esesmanów.“[158] (Rudzka 2006: 220f) Gerade dieses Unverständnis des kompletten Umfeldes der Schwestern (angefangen vom tyrannischen Heimleiter und unmotivierten Pflegerinnen bis hin zu den eigenen Ehemännern) führt das Trauma weiter. Dies erklärt, warum beide Schwestern es vorziehen, die Welt aus einer Kindperspektive betrachten:

> Nigdy bym nie przypuszczała... Tęsknię za obozem. [...] Tam moje dzieciństwo. [...] Tam byłam dzieckiem, bo byłam z tatą. Przyrzekł mi, że wszędzie będziemy chodzić za rękę. Nawet do pieca. A kiedy wyzwolili obóz, byłam już bez taty. I nie byłam już dzieckiem. Nic nie pamiętałam. Mamusi. Babci. Naszego domu. Tak jakby cała przeszłość poszła do gazu... Prycza była domem... Byłam taka kochana... Tatuś nam machał...Nigdy już tak... Mój mąż magister tak mnie kochał, ale nigdy nie byłam dla niego kobietą. Mój mąż, magister, traktował mnie jak piękną laleczkę.[...] A ja tak się starałam, żeby być zawsze różowa.[159] (Rudzka 2006: 162)

> O niczym niby nie myślę, a potem, tak nagle, nie wiadomo skąd i po co, wyrwie mi się: mamuś. Mamuś, mówię całkiem głośno. Jakbym ją widziała.

---

157 „Aha, er war krank, dann ist es etwas anderes.“ Rudzka 2009: S. 118.

158 „Wir werden uns um die Dame kümmern. Sie ist krank, bitte haben Sie dafür Verständnis. [...] Viele Bürger meinen, irgendwo SS-Leute zu erkennen.“ Rudzka 2009: S. 244f.

159 „Ich hätte das nie gedacht... aber ich sehne mich nach dem Lager. [...] Dort ist meine Kindheit. [...] Dort war ich Kind, denn ich war bei meinem Papa. Er hat mir geschworen, daß wir immer Hand in Hand gehen würden, egal wohin. Sogar in den Ofen. Aber als das Lager befreit wurde, hatte ich keinen Papa mehr. Und ich war nicht mehr Kind. Ich erinnerte mich an gar nichts mehr. Mama. Oma. Unser Haus. Als wäre unsere ganze Vergangenheit ins Gas gegangen. Die Pritsche war das Zuhause... Man hat mich so geliebt... Papa hat uns immer gewinkt... Aber dann nie wieder... Mein Mann, der Magister, hat mich auch geliebt, aber ich war nie eine Frau für ihn. Mein Mann, der Magister, hat mich wie ein hübsches Püppchen behandelt. [...] Und ich habe mich so bemüht, immer rosig zu sein.“ Rudzka 2009: S. 179f.

Chciała przywołać. Że niby jest tu ciągle, całkiem blisko, krząta się po domu, ale wystarczy tylko szept, żeby przyszła do mnie."[160] (Rudzka 2006: 250)

Der fehlende Bezug zu den Eltern wurde durch die pathologische Bindung an den eigenen Peiniger kompensiert und die dadurch erlittene psychische (und physische) Schädigung manifestiert sich in einer lebenslangen Unfähigkeit zur körperlichen Bindung bei gleichzeitigem Wunsch nach Schutz und Verständnis, der aber in keinem der Lebensabschnitte erfüllt werden kann.

Sind in der ersten Hälfte der Erzählung oft äußere Faktoren Auslöser für das erneute Durchleben der Lagererfahrung (zum Beispiel der beißende Chlorgeruch, vgl. hierzu Rudzka 2006: 46, Rudzka 2009: 49), so werden die Erinnerungen gegen Ende hin wie von selbst immer stärker in den gegenwärtigen Erzählstrang eingebunden. Der „fieberhafte Rhythmus"[161] in dem die bruchstückhaften Erinnerungen auftauchen, drücken einen regelrechten Zwang zum wiederholten Durchleben aus. Jedoch übernimmt Czechnas eigene Stimme immer mehr die Analyse der eigenen Psyche, die des Erzählers zieht sich überwiegend in den Bereich der Beschreibung zurück. Der Sprechakt der Hauptfiguren stellt somit einen „Akt hermeneutischer Selbstdeutung"[162] dar.

Zyta Rudzka gelingt es somit in ihrem Buch nicht nur das Problem des Vergessens und der Verdrängung anzusprechen, das vielen zeitgenössischen Büchern über den Holocaust inhärent ist,[163] sondern auch das Problem der Unmöglichkeit des Dialogs zu thematisieren. Den Nöten und Ängs-

[160] „Ich meine, ich denke an gar nichts, und dann auf einmal, mir nichts, dir nichts, bricht es aus mir heraus: Mama. Mama, sage ich ganz laut. Als sähe ich sie vor mir. Riefe nach ihr. Als wäre sie dauernd hier, ganz nah, machte sich im Haus zu schaffen, und ich brauchte nur zu flüstern, und schon wäre sie da. Käme zu mir." Rudzka 2009: S. 277.

[161] Ubertowska 2010: S. 203.

[162] Assmann 1998: S. 151.

[163] Marszałek 2010: S. 163.

ten der Erlebnisgeneration wird somit verspätet ein Platz zur Diskussion eingeräumt.

4.4 Zwischenfazit

Pensjonat gehört zu jenen Texten, die im erfahrungshaften Modus geschrieben sind, das heißt das Erzählte ist Gegenstand einer Alltagswelt, in der spezifische Lebenserfahrungen einer Gruppe, beziehungsweise eines Individuums im Vordergrund stehen. Auf die Schilderungen pränarrativer Erlebnisse wird Wert gelegt, was die Wirkungsweise des Textes insgesamt authentischer erscheinen lässt, da der Fokus vor allem auf inneren Denkprozessen liegt.[164] Dieses eher sensible Erzählen Pazińskis, das historische Tatsachen als einen Raum für Unsicherheiten, Zufälligkeiten, Ungereimtheiten betrachtet,[165] ist der Narrationsstrategie Rudzkas fundamental entgegengesetzt. Um mit der Theoriebegriffen Astrid Erlls zu operieren, lässt sich bei *Ślicznotka doktora Josefa* der antagonistische Modus feststellen: Die Autorin schreibt bewusst gegen bestehende Gedächtnisnarrative an, was mit der teils problematischen Analogiebildung Seniorenheim/Konzentrationslager geschieht. In Anlehnung an Anna Turczyns Beschreibung der Autofiktion als „psycho-polyphone Autobiografie“[166] versucht Paziński vor allem über die autobiografisch motivierte Identitätssuche die aktuellen ‚mehrklängigen‘ Töne im Umgang mit jüdischer Geschichte einzufangen. Demgegenüber spricht Rudzka mit der Stimme der traumatisierten Erlebnisgeneration und zeichnet nach, wie sich ihre Umgebung zu ihr verhält. Gemeinsam ist beiden Texten allerdings die so genannte sekundäre Zeugenschaft, das heißt, dass der (fiktiven) Erlebnisgeneration durch eine (ebenso fiktive) Zuhörerschaft Aufmerksamkeit geschenkt wird.

---

164 Erll 2005: S. 268.

165 Gosk, Hanna: „Zmiany w rozumieniu oraz prezentacji historii w polskiej prozie 2. połowy XX wieku o tematyce współczesnej.“ In: Mieczysław Dąbrowski und Tomasz Wójcik (Hg.): *Dwudziestowieczność.* Warszawa 2004, S. 145–157, hier S. 153.

166 Turczyn, Anna: „Autofikcja, czyli autobiografia psychopolifoniczna.“ In: *Teksty Drugie* 1–2/2007, S. 204–211.

5. Diskurs: Antijüdische Ressentiments in Gesellschaft und Literatur

Im folgenden Abschnitt soll auf die aktuelle Haltung der polnischen Gesellschaft zu den Themen Holocaust, Gedächtnis und Antisemitismus eingegangen und verdeutlicht werden, wie beide Werke dies einarbeiten. Literatur stellt in beiden behandelten Büchern ein Medium der Gedächtnis*erzeugung* dar. Im Falle von *Pensjonat* geschieht dies über die Erinnerung an einen real existierenden Ort, der zuvor kein Gegenstand der Erinnerung war. Bei *Ślicznotka doktora Josefa* wird ein Teilaspekt des Holocaust in das Gedächtnis zurückgerufen, der erst seit wenigen Jahren Gegenstand der Forschungsdiskussion ist, nämlich die Verbindung von körperlicher, sexueller Erfahrung mit Lagererlebnissen.[167] Somit kann man der Literatur in beiden Fällen die Fähigkeit zusprechen, Gedächtnis neu zu formen und Neues darin einzuspeisen.[168] Diese Gedächtnisbildung geht mit einer Gedächtnisreflexion einher, die in beiden Werken offenkundig ist: Das jüdische Leben in Polens Vergangenheit und Gegenwart wird an vielen Beispielen illustriert, dabei wird auch der Aspekt des Antisemitismus nicht unerwähnt gelassen. All diese Äußerungen verweisen somit auf „Sinnhorizonte des Kollektivgedächtnisses“[169], die die Flächen zur Reflexion und auch zum Angriff abstecken. Der folgende Abschnitt sei der Frage gewidmet, ob beide Autoren in ihren Büchern mit gängigen Geschichtsvorstellungen brechen, ihnen eine neue Perspektive hinzufügen oder Narrationsmuster überwinden. Daher werden zunächst verschiedene Aspekte des polnisch-jüdischen Zusammenlebens, aber auch Einzelaspekte jüdischer Kultur und der Erinnerungen an den Holocaust aus Perspektive des gesellschaftlichen

[167] Vgl. hierzu beispielsweise die Arbeiten von Bożena Karwowska und Aleksandra Ubertowska.
[168] Erll 2005: S. 258.
[169] Erll 2005: S. 264.

Diskurses beleuchtet und dann dargelegt, wie sie in den Erzählungen reflektiert werden.

5.1 Jüdisches Leben und jüdische Kultur heute

Die Wahrnehmungen jüdischen Lebens im heutigen Polen differieren sehr stark. So wundert sich der Historiker Michał Bilewicz über einen Beitrag des *Tygodnik Powszechny*, in dem es heißt:

> Antysemityzm pozostaje dzisiaj na marginesie. Dyskusje o polsko-żydowskiej historii podążają w dobrym kierunku. Polskie miasta i miasteczka odkrywają wielokulturową tożsamość. [...] Dzieci polskie i żydowskie wspólnie obchodzą Szabat.[170]

Dieses auf den ersten Blick positiv stimmende Zitat macht aber auch auf ein immer noch gültiges Schema aufmerksam: Die Attribute jüdisch und polnisch werden nach wie vor als unvereinbar gesehen – zumindest aus dem Blickwinkel der katholischen Wochenzeitung, in der jener Artikel erschien. Zu diesem Punkt fügt Paziński eine interessante Perspektive hinzu. Sein Ich-Erzähler, der ungefähr 40 Jahre alt sein müsste, reflektiert die jüdische Gemeinschaft, in der er heranwuchs, nicht aus einer explizit jüdischen Sichtweise. Vielmehr stellt die Entdeckung des Jüdischseins für die eigene Identität eine Bereicherung dar. Der Sammeltick, der den Bewohnern des Gästehauses zueigen ist, zeugt gleichzeitig von dem Wunsch, sich an Symbolen der jüdischen Identität festhalten zu wollen.

> [P]uszka po karmelkach, z nazwą wypisaną dziwnym alfabetem, który wujek Motia albo babcia czytali od prawej do lewej, plastikowa kotwica z napisem

---

[170] Bilewicz, Michał: „Spisek, krew i niewinność.“ In: Adam Michnik (Hg.): *Przeciw antysemityzmowi 1936-2009. Tom III: Po 1989. Szkic do opisu i diagnozy*. Kraków 2010, S. 992–998, hier S. 992. „Antisemitismus ist heute eine Randerscheinung. Diskussionen über die polnisch-jüdische Geschichte laufen in die richtige Richtung. Polnische Groß- und Kleinstädte entdecken die multikulturelle Identität. [...] Polnische und jüdische Kinder begehen gemeinsam den Sabbat.“

‚Jaffa' i zepsutym termometrem, złocisty siedmioramienny świecznik na podstawce z ciemnego kamienia"[171] (Paziński 2010: 61).

Die kindliche Betrachtungsweise, die zum Ausdruck kommt, verdeutlicht zum einen eine gewisse Faszination an dem merkwürdigen Sammelsurium der Alten. Die Verdichtung der als typisch jüdisch geltenden Symbole in diesem Zitat wirkt zum anderen fast ein wenig lächerlich, da ihm aus der kindlichen Sicht keinerlei weitere Bedeutung beigemessen wird, beziehungsweise werden kann. Hinzu kommt, dass der erwachsene Ich-Erzähler auch im Nachhinein keine Umdeutung oder Kommentierung der Situation vornimmt. Die Gegenstände werden zwar als erhaltenswert betrachtet, deren Bedeutung aber auch nicht sentimental aufgeladen.

Der Verlust des aktiven jüdischen Lebens, das maßgeblich das Vorkriegswarschau prägte, wird nur von der älteren Generation bedauert. „Nie ma komu pytać – rzucił przed siebie, a głos odbił się echem od ściany. – Przed wojną starczyło wyjść na Nalewski w sobotę w południe, kiedy Żydzi wychodzili z bóżnicy."[172] (Paziński 2010: 63) Gleichzeitig wird durch die Erzählstimme die zunehmende Vereinsamung durch das verhallende Echo verdeutlicht.

Die Rückbesinnung auf jüdische Kulturelemente, auf die Wiederentdeckung der jüdischen Religion hebt ferner auch einen Generationenkonflikt hervor. „Teraz wychodzą z mysiej dziury. Przez czterdzieści lat taki nie był Żydem, co ja mówię, od urodzenia, i teraz, proszę bardzo, on jest Żyd pełną gębą, a jego syn – w Izraelu, nagle religijny się zrobił."[173] (Paziński

---

[171] „Eine Karamellendose mit Namen, die mit einem komischen Alphabet geschrieben waren, das Onkel Motia oder Oma von rechts nach links lasen, ein Plastikanker mit der Aufschrift ‚Jaffa' und einem kaputten Thermometer, ein goldener siebenarmiger Leuchter auf dem Grund eines dunklen Steins."

[172] „Es gibt keinen, den man fragen kann – warf er vor sich hin und die Stimme hallte mit einem Echo von der Wand wider. – Vor dem Krieg reichte es auf die Nalewski hinauszugehen an einem Samstagnachmittag, als die Juden aus den Gotteshäusern kamen."

[173] „Jetzt kommen sie aus ihren Mäuselöchern. 40 Jahre lang war so jemand kein Jude, was sag ich, seit der Geburt, und jetzt, bitte sehr, ist er mit Haut und Haar Jude und sein Sohn – in Israel, wird auf einmal religiös."

2010: 32) Das permanente Gefühl der Fremdheit im eigenen Land, das Ausprobieren und Erproben der jüdischen Religion drücken eine Richtungslosigkeit auf der Suche nach der eigenen Identität aus, die durch das erzwungene Exil noch verworrener wird.[174]

Diejenigen, die selbst nach den Märzereignissen 1968 in Polen verblieben sind, setzen viel daran, sich in der polnischen Gesellschaft zu assimilieren, das heißt, zu konvertieren oder gar Namensänderungen vornehmen zu lassen.[175] Die Unvereinbarkeit der Attribute ‚Pole sein' und ‚Jude sein' zeigte sich in einer statistischen Untersuchung, wonach sich im ganzen Land nur 1100 Befragte zur jüdischen Nationalität (!) bekannten, wobei Schätzungen von einigen tausend Menschen jüdischen Glaubens mehr ausgehen.[176] Die im zuvor genannten Zeitungsartikel postulierte Trennung beider Attribute scheint also auch innerhalb der jüdischen Gemeinde verinnerlicht. Kurioserweise ist angesichts des niedrigen Umfrageergebnisses die Behaftung des Judentums mit Vorurteilen in der heutigen polnischen Gesellschaft enorm präsent. In einer Umfrage der Universität Krakau aus dem Jahre 2009, auf die sich Bilewicz bezieht, schreiben Land- wie Stadtbevölkerung gleichermaßen den Juden negative Eigenschaften wie beispielsweise die Absicht zur Weltherrschaft zu.[177]

Im Buch selbst wird dieser paranoiden Sichtweise mit dem pointierten Satz begegnet: „Już prawie nie istniejemy, a wam wydaje się, że jeszcze-jeszcze."[178] (Paziński 2010: 87) In seiner Erzählung stellt der Autor aber vor allem die Angst der jüdischen Gemeinde um ihr geistiges und kulturel-

---

174 Jarzębski, Jerzy: *Apetyt na przemianę. Notatki o prozie współczesniej*. Kraków 1997, S. 165.

175 Szwarcmann-Czarnota, Bella: „Als Jüdin in Polen – Die Landschaft nach der Schoah." In: *Ost-West. Europäische Perspektiven* 3/2008, S. 187–195, hier S. 190.

176 Szwarcmann-Czarnota 2008: S. 187. In diesem Zusammenhang sind die Ergebnisse, die im Statistischen Jahrbuch Polens präsentiert werden, interessant: Unter der Rubrik *Auswahl von Religionsbekenntnissen in Polen im Jahr 2009* taucht das Jüdische gar nicht auf. Selbst unter dem Unterpunkt *Andere* stellen die Mormonen mit rund 1300 Zugehörigen die kleinste noch erwähnte Gemeinschaft dar. (Vgl.: Główny urząd statystyczny: *Mały rocznik statystyczny 2011*, S. 133f. Online verfügbar unter http://www.stat.gov.pl/gus/5840_737_PLK_HTML.htm.)

177 Bilewicz 2010: S. 994.

178 „Wir existieren fast nicht mehr und euch scheint es immer, immer noch."

les Erbe dar. „A co to, nas jest tak dużo? Co będzie, jak każdy jeden się wychrzci? – Tylko na to czekają – zapaliła się pani Mala. – Jak u nas w Wilnie przed wojną.“ „Po nas to już nic nie będzie“[179] (Paziński 2010: 116, 122). Überhaupt zeichnet das Buch eher eine tiefe Wehmut über das Wegsterben einer Generation nach, die das Gefühl hat, die Letzte zu sein. Die Außenseiterrolle des erwachsenen Erzählers wird schon zu Beginn des Buches durch die ausführliche Reise in diese alte Welt beschrieben. Auch im Verlaufe der Erzählung hält sich die Freude über das Interesse des Besuches in Grenzen. Vielmehr erkennt der Besucher selbst eine gewisse Hoffnungslosigkeit der Situation, wenn es heißt:

> Za to gorzki smak przemijania. I zbyt wiele starości. Zbyt wiele lekarstw, pokasływań i wspomień o tych, których już nie ma. Których zabili na wojnie. Którzy później umarli, wyjechali albo jakoś się rozproszyli po świecie. Krajobraz melancholijny. Tak już musi być. Pewnie całkiem odwrotnie, niżby życzyli sobie oni, którzy wprowadzali mnie w świat i mieli ambicję wskazywać drogę. Zawsze wszystko wychodzi na odwrót. [...] Wszystko źle się kończy. [...] A kiedyś, kiedyś to było naturalne, że ludzie rodzili się i szli ku życiu, i umierali, jak nadszedł ich czas. A potem to się zmieniło.[180] (Paziński 2010: 74)

Was diese Beobachtung so bemerkenswert macht, ist die Tatsache, dass Verständnis und Kritik an dem Umgang mit dem jüdischen Schicksal gleichermaßen laut wird, ohne dass in diesem Abschnitt explizit das Wort Judentum erwähnt wird. Es wird erkannt, dass die beschriebene alte Generation nicht mehr in der Lage ist, für die Zukunft der eigenen Kultur zu sor-

179 „So, sind wir so viele? Was wird, wenn sich jeder einzelne taufen lässt? – Darauf warten die nur – erregte sich Frau Mala. – Wie bei uns in Wilna vor dem Krieg.“ „Nach uns kommt nichts mehr.“

180 „Dazu der bittere Geschmack des Vergehenden. Und zu viel Alter. Zu viele Medikamente, Gehüstel und Erinnerungen an die, die nicht mehr sind. Die sie im Krieg getötet hatten. Die, die später starben, sind ausgewandert oder haben sich irgendwie auf der Welt verstreut. Ein melancholisches Landschaftsbild. So muss es sein. Sicherlich ganz anders, als es sich die gewünscht hatten, die mich auf die Welt gebracht und den Eifer hatten, den Weg aufzuzeigen. Immer kommt alles anders. [...] Alles endet schlecht. [...] Aber einst, einst war es natürlich, dass Leute geboren wurden, dem Leben entgegen gingen und starben, wenn ihre Zeit kam. Und dann änderte sich das.“

gen. Vielmehr ist sie mit den Kriegserinnerungen beschäftigt, die es nicht ermöglichen der Nachfolgegeneration ihre Werte mit auf den Weg zu geben, woraus der Erzähler ihnen zwar keinen Vorwurf macht, aber in dieser Erkenntnis Bitterkeit verdeutlicht. Der letzte Satz bringt Verständnis für die Ausnahmesituation, in der sich die polnischen Juden aktuell befinden, zum Ausdruck: Die Schlichtheit und Verkürztheit, mit der hier auf die Zäsur des Holocausts angespielt wird, passt wiederum in die zweite, kindlich-naive Erzählhaltung, die das Ausmaß dieser Erfahrung für die Juden nicht erfassen kann.

Die symbolische Gemeinschaft in einem verlassen kleinen Ort an einer ebenso verlassenen Bahnstrecke macht die Endzeitstimmung, die sich unter den Alten verbreitet, deutlich. Das bewusste Zurückziehen („chce posiedzieć wśród swoich."[181], Paziński 2010: 31) ist als Reaktion auf die gesellschaftliche Ablehnung zu werten, die der jüdische Bevölkerungsteil erfahren musste. Die eigentlich sehr heterogene Gruppe (schließlich unterscheiden sie sich hinsichtlich der Glaubensausrichtungen, Sprachkenntnisse usw.) wird vielmehr durch die Intoleranz der Nicht-Juden zusammengebracht,[182] was im Buch als besonderer Unterschied zu anderen jüdischen Gemeinschaften auf der Welt aufgefasst wird: „Mało już ludzi, coraz mniej – westchnął tamten. – Wszędzie na świecie ich przybywa i tylko u nas odwrotnie."[183] (Paziński 2010: 31)

5.2 Zur Dichotomie des jüdischen und polnischen Opfers

Die seit Jahren große Wellen schlagende Debatte um die Veröffentlichungen von Jan Tomasz Gross (*Sąsiedzi: Historia zagłady żydowskiego miasteczka*, 2000, *Strach: Antysemityzm w Polsce tuż po wojnie. Historia moralnej zapaści*, 2008, sowie *Złote żniwa. Rzecz o tym, co się działo na obrzeżach zagłady Żydów*, 2011), in denen der Soziologe und Historiker

[181] „Er will bei den Seinen sitzen."
[182] Szwarcmann-Czarnota 2008: S. 188.
[183] „Wenig Menschen sind es, immer weniger – atmete er ein. – Überall auf der Welt werden es mehr, nur hier bei uns ist es umgekehrt."

die Mitbeteiligung polnischer Bürger an der Verfolgung der jüdischen Mitmenschen darlegt, hat das polnisch-jüdische Thema wieder zurück in den gesellschaftlichen Diskurs gebracht. Man mag in dieser Diskussion unterschiedlicher Meinung sein, fest steht allerdings, dass Gross mit seinen Büchern den unvoreingenommen Glauben an die polnische Opferrolle erschüttert hat, der lange Zeit als Erklärung für das Umgehen der Frage nach einer Mitschuld herhielt.[184] Das Interesse am jüdisch-polnischen Dialog, beziehungsweise der Untersuchung des polnischen Antisemitismus stellt aktuell eines der populärsten Forschungsgebiete polnischer Historiker dar, wovon unter anderem das 2010 erschienene dreibändige Werk *Przeciw antysemityzmowi 1936 – 2009* Adam Michniks zeugt. Auch der Historiker Krzysztof Ruchniewicz bestätigt, dass das polnische historische Denken sein größtes Problem im Verhältnis zu den Juden habe.[185] Dabei gilt die polnische Bevölkerung in Bezug auf das Faktenwissen insbesondere um die Geschehnisse von 1939 – 1945 als gut informiert. Die Feststellung, dass heute eine nicht unerhebliche Anzahl Polen glaubt, viele oder sehr viele Juden würden in dem Land leben (manche schätzen ihre Anzahl auf einige Millionen), verwundert daher umso mehr. Auf der anderen Seite stehen diejenigen, die zwar nicht dem Mythos der jüdischen Allgegenwärtigkeit erliegen, jedoch unreflektiert lassen, wo das Fehlen dieses Bevölkerungsteils herrührt.[186] Das großstädtische und gebildete Polen entdeckt durchaus ein größeres Interesse an der Wiederbelebung jüdischer Spuren, allerdings wird nicht viel aktiv getan um all diejenigen zu überzeugen, die die jüdische Bevölkerung immer noch für ihr persönliches Unglück verantwortlich machen. Unter den Verlierern der wirtschaftlichen Transformation begegnet man den größten antijüdischen Ressentiments. Bilewicz sieht in diesen zwei unvereinbaren Standpunkten das Hauptproblem, das einem ernsthaf-

[184] Kozłowska, Dominika: „Po co nam Gross?“ In: *Znak* 3/2011, S. 10–15, hier S. 10.

[185] Ruchniewicz, Krzysztof: *Noch ist Polen nicht verloren. Das historische Denken der Polen.* Berlin 2007, S. 26.

[186] Tych, Feliks: „Obraz zagłady żydów w potocznej świadomości historycznej w Polsce.“ In: Adam Michnik (Hg.): *Przeciw antysemityzmowi 1936–2009. Tom III: Po 1989. Szkic do opisu i diagnozy.* Kraków 2010, S. 122–142, hier S. 123f.

ten und fruchtbaren polnisch-jüdischen Dialog entgegensteht.[187] Die immer noch existierende Auffassung, dass Auschwitz in erster Linie ein Ort polnischen Martyriums sei[188] und daher den Polen die Rolle des „einzigartigen Opfers"[189] zugeschrieben wurde, wird bei Zyta Rudzka aufgenommen, jedoch auf besondere Art: Zu keinem Zeitpunkt der Erzählung bezeichnen sich Leokadia und Czechna als explizit jüdisches Geschwisterpaar – sämtliche Zuschreibungen in dieser Frage erfolgen von außen. Erst während des Besuchs des französischen Fernsehteams gibt Czechna einen ersten Hinweis auf die jüdische Herkunft der Schwestern (Rudzka 2006: 228, Rudzka 2009: 252). Ende der 1950er Jahre sieht sich die Hauptfigur auf ihrer Arbeitsstelle in einer Bibliothek mit folgenden Anfeindungen konfrontiert: „Żydowica, udaje, że pracuje. Od Szwabów nabrała odszkodowania i udaje, że taka nieszczęśliwa. A pachnie *Soir de Paris*, czy czymś tam, ale na pewno z komisu."[190] (Rudzka 2006: 150) Die pejorativen Ausdrücke zur Bezeichnung der Deutschen und die verächtliche Bezeichnung für Jüdin illustrieren zum einen die generelle Abwertung. Gleichzeitig ist in diesem Zitat erneut der Unterton des durchaus populären Standpunktes spürbar, dass Juden und Polen unterschiedliche Opfer des Zweiten Weltkrieges waren. Es dominiert weiterhin die Annahme, dass Juden sogar weniger unter der deutschen Besatzung gelitten hätten, als ihre polnischen Mitbürger (in einer Umfrage waren 54 % der Meinung, dass die polnische Bevölkerung mehr gelitten habe).[191] Es geht hierbei keinesfalls darum, einen Gradmesser des Leidens zu finden oder darum damit eine Wertigkeit der erfahrenen

---

[187] Bilewicz 2010: S. 998.

[188] Świda-Ziemba, Hanna: „Hańba obojętności." In: Adam Michnik (Hg.): *Przeciw antysemityzmowi 1936-2009. Tom III: Po 1989. Szkic do opisu i diagnozy*. Kraków 2010, S. 143–155, hier S. 155.

[189] Borodziej, Włodzimierz: „Abschied von der Martyrologie in Polen?" In: Martin Sabrow, Ralph Jessen und Klaus Große Kracht (Hg.): *Zeitgeschichte als Streitgeschichte. Große Kontroversen nach 1945*. München 2003, S. 288–305, hier S. 297.

[190] „Jüdlerin, die tut nur so, als ob sie arbeitet. Von den Schwaben hat sie die Entschädigung abkassiert und macht auf unglücklich. Aber sie riecht nach *Soir de Paris* oder etwas dieser Art, jedenfalls aus dem Devisengeschäft." Rudzka 2009: S. 165.

[191] Tych 2010: S. 133.

Ungerechtigkeit darlegen zu wollen. Nur zeigen solche Ergebnisse eben auch, dass in der Wahrnehmung der polnischen Bevölkerung oftmals ein deutlich verzerrtes Bild bezüglich der Juden existiert.

Das mangelnde Interesse der Jungen an den Erlebnissen der Alten ist ebenfalls Gegenstand der Erzählung: Wird das Thema in der schonungslos offenen Art angesprochen, wie sie Frau Czechnas bevorzugt (also mit dem verstörenden Blickwinkel einer Frau, die immer noch nicht begriffen zu haben scheint, in welchen Händen sie sich einst befand), bleiben die erwarteten Reaktionen aus und provozieren Ignoranz oder Kritik: „Czasami to mi wstyd, gdy tak bezkarnie rozprawiasz o przeszłości."[192] (Rudzka 2006: 214). Den Gegenpol zu diesem Typus des Erinnerns stellt die Schwester Leokadia dar, die trotz der ihr immer erscheinenden traumatisierenden Bilder ihre Erfahrung für nicht erzählenswert hält:

> Dyrektor mówił mi, że pani była w obozie? [...] – Tylko jakiś czas... To było tak dawno. To nie wydaje mi się ważne. Po co o tym mówić? [...] – Nie lubi pani rozmawiać o tym, co było? Ja bym chętnie posłuchała. W szkole mówiono nam, że w tych obozach koncentracyjnych...[193] (Rudzka 2006: 115f)

Die Gelegenheit der Gegendarstellung zu dem in Schulen vermittelten Bild, in denen der Holocaust bis in die 1990er Jahre hinein nur marginal behandelt wurde,[194] wird nicht genutzt. Durch die unterschiedlichen Umgehensweisen mit dem Thema Holocaust (Verdrängung auf der einen, Verzerrung auf der anderen Seite) gibt die Autorin dem Leser allerdings die Möglichkeit die eigene Sichtweise und das Wissen über das Thema zu reflektieren. Gerade durch den zunächst frappierend ungewohnten Umgang mit dem Holocaust, durch die Verbindung mit Attributen wie Schönheit, äußere

---

[192] „Manchmal ist es mir peinlich, daß du dich so gewissenlos über die Vergangenheit verbreitest." Rudzka 2009: S. 238.

[193] „Der Direktor hat mir erzählt, daß Sie im Lager waren? [...] – Nur eine Zeitlang... Das ist so lange her. Mir kommt es nicht mehr wichtig vor. Warum darüber reden? [...] – Reden Sie nicht gern von der Vergangenheit? Ich würde gerne etwas darüber hören. In der Schule haben wir gelernt, daß in diesen Konzentrationslagern..." Rudzka 2009: S. 126f.

[194] Tych 2010: S. 136.

Reize, Sexualität, wird dem Leser ein erweitertes Sinnangebot gemacht, neue Aspekte der Vergangenheit zu deuten. Die Unterteilung in polnische und jüdische Opfer ist hierzu gar nicht nötig. So gesehen ist diese Erzählweise eine Emanzipation vom geschichtlichen Diskurs, der sich zum Veröffentlichungszeitpunkt der Erzählung auf seinem Höhepunkt befand.

5.3 Geschichtsdarstellung und Erinnerungen an den Holocaust

Die Benennung einer real existenten Person (Josef Mengele) und des Ortes des Geschehens (Auschwitz) sind in Zyta Rudzkas Erzählung die einzigen konkreten Verweise auf eine nicht-fiktionale Geschichtsdarstellung. In *Pensjonat* finden sich solche Hinweise öfter und es fällt auf, dass auch Ereignisse außerhalb des Holocausts thematisiert werden.

Zuvor jedoch einige Worte über das komplizierte Verhältnis von geschichtlichen Ereignissen in fiktionalen Texten, das auch die Frage aufwirft, was eigentlich einen literarischen Text zu einem fiktiven Text macht? „Fiktionale Texte lassen sich auf keine lebensweltliche Situation so weit zurückführen, daß sie in ihr ganz aufgingen oder mit ihr identisch wären."[195] Diesen Sachverhalt erreichen beide hier untersuchte Texte vor allem durch das breite Spektrum der Nebenfiguren. Die Anzahl an Mitbewohnern in *Pensjonat* oder die der Senioren in *Ślicznotka doktora Josefa* macht eine direkte Übertragung auf eine reale Situation unmöglich. Anders gesagt negiert die Oberflächlichkeit der dargestellten Nebenfiguren jedweden Versuch das Erzählte auf die Ebene des Realen zu heben.[196] Nichtsdestoweniger ist Fiktion auch immer ein Mittel, dem Leser eine Wirklichkeit durch ein bestimmtes Objektiv zu zeigen. Die Leistung der literarischen Fiktion beruht also auf ihrer Funktion, denn sie spiegelt nicht nur das Tat-

---

[195] Zimniak, Paweł: „Geschichte und Literatur. Zum Problem eines geschichtlichen Ereignisses in der Literatur." In: *Convivium. Germanistisches Jahrbuch Polen* 1999, S. 9–22, hier S. 12.

[196] Vgl. hierzu beispielsweise die Seiten 53–56 in *Pensjonat*, auf denen das Kriegsschicksal von elf Juden innerhalb kürzester Zeit beleuchtet wird.

sächliche, sondern auch das Mögliche, wieder[197] sodass individuellen Erinnerungshaltungen Raum gegeben wird. So zum Beispiel werden in *Pensjonat* mit Kinderaugen die Ereignisse des Jahres 1968, beziehungsweise die Verantwortlichen wie folgt beschrieben:

> I pamiętam, jak wujek Szymon który czemuś bardzo nie lubił Edwarda Gierka, wyjaśniał wszystkim, dlaczego ten Gierek, którego codziennie pokazywali w dzienniku, chociaż wyglądał jak stara kukła, powinien już sobie pójść wreszcie do diabła ciężkiego i moczarowcy (słowo to wujek Szymon wymawiał zawsze z powagą i wiedziałem, że znaczy ono coś niedobrego) wciąż mają szerokie wpływ w ka ce [...].[198] (Paziński 2010: 46)

An dieser Stelle wird vor allem die Fähigkeit des kindlichen Beobachters deutlich, Zwischentöne zu erkennen, da er eben noch nicht die politische Tragweite des Ganzen erfassen kann. Stattdessen ist sein Umgang mit der Person und dem Handeln Giereks und den Moczaristen derart entwaffnend naiv, dass der Kinderblick (der durch den Ausruf „wujek Szymon" bestimmt wird) einen versöhnlicheren Ton mit der Vergangenheit anschlägt. Vor allem wird dieser Eindruck verstärkt, da eine Reflexion auf der Erzählebene des Erwachsenen erneut ausbleibt.

Auch ansonsten finden sich Haltungen zum Schicksal des jüdischen Volkes wieder, die ironisch und zugleich sehr selbstkritisch sind: „Wiara w rewolucję. Zguba wszystkich Żydów. Na złość Bronsztejnowi Trocki kazał palić synagogi. Jakby car ich palić nie kazał. Trzeba było Żyda, żeby go lepiej wyręczył."[199] (Paziński 2010: 114) Das nicht gleich ganz offenkundige Spiel mit dem Geburtsnamen Trotzkis (Lew Dawidowitsch Bronstein)

---

197 Zimniak 1999: S. 13f.

198 „Und ich erinnere mich, da aus irgendeinem Grund Onkel Szymon Edward Gierek gar nicht mochte, wie er allen erklärte, warum dieser Gierek, den sie jeden Tag in den Nachrichten zeigten, obwohl er wie eine alte Marionette aussah, endlich verschwinden und zum Teufel gehen sollte und warum die Moczaristen (dieses Wort sprach Onkel Szymon immer mit Ernst aus und ich wusste, dass das nichts Gutes hieß) immer noch einen breiten Einfluss im ZK haben [...]"

199 „Der Glaube an die Revolution. Der Untergang aller Juden. Bronstein zum Trotz ließ Trotzki die Synagogen anzünden. Als hätte der Zar dies nicht angeordnet. Es brauchte einen Juden, der ihn besser vertrat."

wird zur Ironisierung des Sachverhaltes eingesetzt: So gelesen, schien der jüdischstämmige Revolutionär jegliche Vernunft verloren zu haben und ließ sich selbst zu antijüdischem Handeln hinreißen. Weitergedacht stellt dieses Zitat eine zynische Antwort auf die Polemik des jüdischstämmigen Autors Henryk Grynberg dar, der den von Zofia Nałkowska geprägten Ausruf *Ludzie ludziom zgotowali ten los*[200] zu *Ludzie Żydom zgotowali ten los*[201] umgewandelt hatte.[202]

Insgesamt ist auffallend, dass bei Darstellung geschichtlicher Ereignisse das zu erwartende Negativbild oft nicht allein den Deutschen zugeschrieben wird. So heißt es zum Beispiel zu den Pogromen, die nach der deutschen Eroberung Lembergs am 30.06.1941 stattfanden: „Dalej były trzy dni pogromów w dzielnicach żydowskich, kiedy esesmani i banderowcy[203] polowali na ludzi, urządzali łapanki, aresztowania i egzekucje."[204] (Paziński 2010: 49) Aus narratologischer Sicht ist hierbei wiederum interessant, dass gänzlich von der kindlichen Perspektive abgelassen wird und das obige Zitat in einem Kapitel zu finden ist, das nur vom inneren Monolog des Erzählers getragen wird, der die Erlebnisse der älteren Generationen noch einmal miterlebt: „Toteż widzę ją tylko tak, jak umiem dojrzeć, jak w niemym fil-

---

[200] Menschen haben Menschen dieses Schicksal bereitet.

[201] Menschen haben Juden dieses Schicksal bereitet.

[202] o. A.: „Holocaustu literatura." In: Wydawnictwo Naukowe PWN (Hg.): *Literatura Polska. Epoki literackie, prądy i kierunki, dzieła i twórcy*. Warszawa 2007, S. 256–258, hier S. 256.

[203] Mit dem Begriff des ‚banderowiec' ist ein Mitglied der ukrainischen nationalistischen Partei gemeint, die im Zweiten Weltkrieg aus antisemitischer Überzeugung Verbrechen an der auf ukrainischem Gebiet lebenden jüdischen Bevölkerung verübten. Vgl. hierzu: Himka, John Paul: *War Criminality: A Blank Spot in the Collective Memory of the Ukrainian Diaspora.* Online verfügbar unter http://ualberta.academia.edu/JohnPaulHimka/Papers/492281/War_Criminality_A_Blank_Spot_in_the_Collective_Memory_of_the_Ukrainian_Diaspora.

[204] „Drei weitere Tage gab es Pogrome in den jüdischen Vierteln, als die SS-Männer und die Bandera-Anhänger Menschen verfolgten, Razzien, Verhaftungen und Exekutionen veranstalteten."

mie: idzie czy raczej biegnie nieznaną mi lwowską ulicą, w stronę dworca, a nuż uda się złapać pociąg do Łucka“[205] (Paziński 2010: 49).

Zusammenfassend bietet Paziński mit seiner Erzählung neue Betrachtungsmöglichkeiten der Vergangenheit: Das Spektrum reicht von der Kindheitsperspektive, die durch ihre Einfachheit und Unvoreingenommenheit einen fast noch beklemmenderen Eindruck erzeugt, als diejenige eines Erwachsenen, bis hin zur tiefgehenden Reflexion über das der älteren Generation zuteil gewordene Schicksal während des Zweiten Weltkrieges. Gleichzeitig wird das jüdische Selbstbild gezielt herausgefordert, nicht nur, indem nicht allein in Nationalsozialisten das Feindbild gesehen, sondern auch eine gewisse Eigenverantwortung der jüdischen Glaubensgemeinschaft für den Dialog in der Nachkriegszeit postuliert wird.

5.4 Spiel mit Vorurteilen und antisemitischen Äußerungen

Diese Neuerungen in der literarischen Aufbereitung geschichtlicher Ereignisse ist vor allem in *Pensjonat* eine dominante Komponente, während in *Ślicznotka doktora Josefa* das Narrativ des Traumas die einzige Betrachtungsweise auf die Vergangenheit bietet. Ein Aspekt, der aber in beiden Werken gleichermaßen thematisiert wird, ist ein allgegenwärtiger, oft unterschwelliger Antisemitismus und die Darstellung stereotyper Ansichten über das Judentum. Es soll an dieser Stelle der polnischen Gesellschaft keineswegs eine antijüdische Einstellung vorgeworfen werden, denn eine solche Verallgemeinerung würde den komplexen polnisch-jüdischen Beziehungen nicht gerecht werden Dennoch stellt sich die Frage, warum Autoren, die die Handlung ihrer Werke in der heutigen Zeit situieren, dieser Problematik noch verhältnismäßig viel Platz einräumen, wenn doch die Juden in der ethnischen Landschaft Nachkriegspolens faktisch kaum noch e-

[205] „Ich sah sie deshalb nur so wie ich sie erblicken konnte, wie in einem Stummfilm, sie geht oder rennt eher durch eine mir unbekannte Lemberger Straße in Richtung Bahnhof, wo sie vielleicht doch den Zug nach Łuck erwischen konnte.“

xistieren. Die Generation, die in dieser Zeit aufwuchs, kennt Juden also nur noch aus den Erzählungen der Vorfahren, sodass dieses ‚Bild' des Juden sehr empfänglich für eine mythologische und mystifizierende Aufladung des Themenkomplexes war.[206] Das folgende Zitat fasst treffend die landesweiten Reaktionen auf die Jedwabne-Debatte zusammen, in der antijüdische Ressentiments in den gesellschaftlichen Diskurs zurückkehrten.

> Meine erklärende Hypothese lautet, dass antisemitische Äußerungen Ausdruck einer Abwehrhaltung sind. Im Alltagsbewusstsein ist die Überzeugung populär, dass das Bild der Kriegs- und Nachkriegsvergangenheit vor allem vom Holocaust dominiert sei. Das jüdische Leiden habe die Leiden Anderer, vor allem der Polen, aus der Erinnerung der Welt verdrängt. Hinzu komme, dass die Polen als Helfershelfer Nazideutschlands wahrgenommen werden. Dabei seien die Leiden der Polen ebenfalls groß gewesen, und der erklärte Unwille gegenüber Juden ist wie ein Vorwurf, das Kollektivgedächtnis für sich einnehmen zu wollen.[207]

Die Diskussionen um das bereits angesprochene Buch von Jan Tomasz Gross *Sąsiedzi,* in dem der Massenmord an der jüdischen Bevölkerung der ostpolnischen Kleinstadt Jedwabne thematisiert wird, übertrafen in puncto Brisanz und Heftigkeit alle zuvor aufgekommenen historischen Debatte. Im Zuge dessen witterte das extrem rechte Milieu, zu dem auch Radio Maryja zählt, eine antipolnische Verschwörung[208] und bot mit einer Umkehrung des Problems eine ebenso einfache, wie falsche Antwort: „Wichtig ist nicht die Einstellung der Polen gegenüber den Juden, sondern das (negative) Verhältnis der Juden zu den Polen."[209] Krzemiński setzt sich vornehmlich

---

206 Tych, Feliks: „Potoczna świadomość Holokaustu w Polsce – jej stan i postulaty edukacyjne." In: Przemysław Czapliński und Ewa Domańska (Hg.): *Zagłada. Współczesne problemy rozumienia i przedstawiania.* Poznań 2009, S. 41–53, hier S. 42.

207 Krzemiński, Ireneusz: „‚Neuer' oder ‚alter' Antisemitismus? Anmerkungen auf der Grundlage soziologischer Untersuchungen in Polen und der Ukraine." In: Bernd Kauffmann und Basil Kerski (Hg.): *Antisemitismus und Erinnerungskulturen im postkommunistischen Europa.* Osnabrück 2006, S. 53–74, hier S. 66.

208 Ruchniewicz 2007: S. 29.

209 Paczkowski, Andrzej: „Debata wokół ‚Sąsiadów': próba wstępnej typologii" in: *Rzeczpospolita* vom 24.03.2001, zitiert nach Ruchniewicz 2007: S. 29.

mit Stereotypieforschung auseinander und hält weiterhin fest, dass sich gerade in Zeiten europapolitischer Neuordnungen Fragen des nationalen Schicksals doch wieder als äußerst aktuell erweisen und damit auch alte Vorurteile wiederbelebt werden.[210] Dieser Sachverhalt macht jedoch auch deutlich, dass Juden in Polen vor allem symbolisch, oder um es mit den Worten Pazińskis auszudrücken, „als Geister"[211] in Erinnerung geblieben sind.

Gerade in Zyta Rudzkas Erzählung werden antijüdische Ressentiments als fortwährendes Grundproblem der Gesellschaft dargestellt. Das verachtendste Beispiel begegnet Frau Czechna im Altenheim: „Wiesz, co on mi wczoraj zaśpiewał, gdy czekałam na kąpiel? ‚Do gazu, stara dziewczynko, do gazu. Już pora do gazu'."[212] (Rudzka 2006: 214) Auch völlig irrationale Schuldzuschreibungen, die die jüdische und zusätzlich besser gestellte Herkunft Czechnas angreifen, sind unter den Aussagen der Heimbewohner zu finden. „Dali ci nowy pokój, a ja jestem tutaj dłużej. Znowu ty masz lepiej."[213] (Rudzka 2006: 80) Frau Benia ereifert sich weiterhin darüber, dass ihr Mann nach 24 Jahren harter und ehrlicher Arbeit als Schneider starb (und sie nun als finanziell schlechter gestellte Witwe zurück lässt) und setzt dies mit Czechnas höher gebildetem Mann und dem Ausruf „A ten twój magister"[214] (ebd.) abwertend in Relation. Diese Äußerung ließ sich allgemein unter denjenigen Polen beobachten, die im Alter eine starke Verschlechterung der materiellen Situation erfahren mussten, wofür bewusst oder unbewusst ein Grund gesucht wurde.[215] Es ist auch dieselbe Mitbewohnerin, die sich keine Gelegenheit nehmen lässt, die Schön-

[210] Krzemiński 2006: S. 66.

[211] Kaluza, Andrzej: „Antisemitismus in Polen. Ein Gespräch mit Piotr Paziński, Chefredakteur von ‚Midrasz', Warschau." In: *Ost-West. Europäische Perspektiven* 3/2008, S. 230–232, hier S. 232.

[212] „Weißt du, was er mir gestern vorgesungen hat, als ich aufs Bad wartete? ‚Ins Gas, altes Mädchen, ins Gas. Höchste Zeit fürs Gas.'" Rudzka 2009: S. 237.

[213] „Sie haben dir ein neues Zimmer gegeben, dabei bin ich schon länger hier. Du hast es wieder besser." Rudzka 2009: S. 88.

[214] „Und du mit deinem Magister" Rudzka 2009: S. 88.

[215] Bilewicz 2010: S. 994.

heit und den Reichtum Czechnas in die klischeehafte Verbindung mit ihrer jüdischen Herkunft zu bringen: „Pani Czechna to ma ładną [perukę], ale wiadomo, bo to bogata Żydówka“[216] (Rudzka 2006: 198). Darüber hinaus kann es gemeinhin als beabsichtigtes Spiel der Autorin mit dem literarischen Motiv der alternden Frau gelten, wonach Schönheitsverlust vor allem bei Frauen als ein Hauptmerkmal des Alterns gilt.[217]

Im Gegensatz zu diesen sehr stereotyp dargestellten antijüdischen Ressentiments wählt Paziński in *Pensjonat* eine humorvoll ironische Darlegungsweise: Der angebliche Reichtum und der Wohlstand, der der jüdischen Bevölkerungsschicht insbesondere vor dem Zweiten Weltkrieg zugeschrieben wurde, wird wie folgt thematisiert: „A co, Żydom tak dobrze się działo? Może im mleko z miodem płynęło? Gęsi pieczone prosto z nieba na talerz spadały?“[218] (Paziński 2010: 114) Die offensichtliche Infragestellung dieser Klischees und die Komprimierung gängiger Stereotype an einer Stelle führen diese Allgemeinplätze ad absurdum. Über die allgemeine Akzeptanz der Juden heutzutage kann man im folgenden Zitat ebenfalls einen sarkastischen Unterton herauslesen (zum besseren Verständnis sei hier angemerkt, dass es um die Situation des unleidigen Hausbesitzers geht, dem seine Gäste eher als lästig erscheinen und er gleichzeitig das immer schneller voranschreitende Schwinden seiner Besucher bedauert): „Co on winien, że ludzi nie ma? Winien nie jest, ale za to ma problem, prawdziwy żydowski problem, jak kredyt w banku. Nie masz – źle. Masz – jeszcze gorzej. I jakie jest wyjście? Co on ma robić? Zapukać do nieba?“[219] (Paziński 2010: S. 57). Hier wird die Problematik der geringen jüdischen Bevölkerung wiederum auf humoristische Weise aufgegriffen: Das ‚jüdi-

[216] „Frau Czechna, die hat eine schöne Perücke, aber die ist ja bekanntlich eine reiche Jüdin.“ Rudzka 2009: S. 219.

[217] o. A.: „Stara kobieta, starzejąca się kobieta.“ In: Dorota Nasowska (Hg.): *Słownik motywów literackich*. Bielsko-Biała 2004, S. 454–462, hier S. 458.

[218] „Was, ist es den Juden so gut ergangen? Ist für sie vielleicht Milch mit Honig geflossen? Gebratene Gänse ihnen direkt vom Himmel auf den Teller gefallen?“

[219] „Was ist er denn schuld, dass keine Leute hier sind? Schuld ist er nicht, aber dafür hat er ein Problem, ein echtes jüdisches Problem, wie einen Kredit auf der Bank. Hast du keins – schlecht. Hast du eins – noch schlechter. Und was ist der Ausweg? Was soll er machen? Beim Himmel anklopfen?“

sche Problem‘ in der Gesellschaft wird hier analog auf Ebene der Pension widergespiegelt: Existieren gar keine Juden mehr, so fragt man sich warum und die Antwort würde im Hinblick auf die polnische Geschichte mehr als negativ ausfallen. Macht man sich aber deutlich, dass es noch einige wenige Juden im Land gibt, merkt man, dass die Beschäftigung mit ihnen erschwert ist und hitzige Debatten hervorruft. Dies lässt sich metaphorisch an den Auseinandersetzungen des Heimleiters mit seinen Bewohnern gut beobachten.

6. Forschungsthesen und Ausblick

Rückblickend können trotz der Unterschiedlichkeit der Bücher einige Gemeinsamkeiten festgestellt werden. Hinsichtlich der Motivwahl sind wohl die den Rahmen der Erzählung spannenden Naturbeschreibungen in beiden Werken von Bedeutung. Trotz oder gerade wegen ihrer Alltäglichkeit beeinflussen Jahreszeit und Wetterlage den Zustand der Figuren erheblich. Dem Sommer in *Ślicznotka doktora Josefa* kommt eine klar destruktive Rolle zu. Die lähmende Wirkung der Hitze ist für manche Senioren mitunter lebensbedrohlich und scheint ihnen den letzten Rest Lebensmut und Kraft zu nehmen. Weniger gefährlich, dafür in seiner Wirkung nicht weniger einflussreich, ist die Naturdarstellung in *Pensjonat*. Der zu Beginn vieler Kapitel erwähnte Nebel spiegelt die Gefühlswelt und den Blickwinkel der Hauptfigur wider: Einerseits scheinen die Eindrücke in der Pension vielfältig zu sein, andererseits steht die Verdichtung des Nebels auch für die zunehmende Verwirrung des erzählten Ichs und die Verschleierung der Spuren der Vergangenheit, deren Entdeckung die eigentliche Intension des Besuches darstellen. Psychische und physische Verfassung der Romanfiguren korrespondieren folglich mit naturgegebenen äußeren Einflüssen.

Diese erhöhte Sensibilität könnte als ein Hinweis auf die Wiederaufnahme romantischer Erzählstrategien gesehen werden. Hierfür sprächen insbesondere bei Piotr Pazińskis Erzählung folgende Punkte: Denkt man den Aspekt des Umwelteinflusses weiter, so lassen sich Verbindungen zu polnischen Romantikern ziehen, die in der Natur Antworten auf die Rätsel der menschlichen Existenz gesucht haben und Natur und Mensch in einer geheimnisvollen Verbindung sahen. Des Weiteren ist auch eine Parallele zum Motiv der Reise auffällig, welche das erzählte Ich mit einem veränderten Bewusstsein abschließt. Oftmals endeten Reisen in den Darstellungen aus der Zeit der Romantik ohne Rückkehr des Reisenden. Ruft man sich erneut die Abschlusssequenz von *Pensjonat* vor Augen, der eine gewisse apokalyptische Atmosphäre nicht abgesprochen werden kann, so hätte diese Reise auch mit dem Tod, sprich der Nichtrückkehr enden können. Um wirklich qualifizierte Aussagen darüber treffen zu können, inwiefern romantische Erzählstrategien zum Tragen kommen, böte sich eine Beschäftigung mit dem Werk unter diesen Gesichtspunkten an.

Dass beide Autoren klar zur der so genannten Postmemory-Generation zählen, wird durch die mnemonische Erinnerungsweise deutlich. Alle physisch wahrnehmbaren Komponenten (Bilder, Möbel, Gerüche etc.) leiten den Erinnerungsprozess ein. Während bei Zyta Rudzka traumatische Erfahrungen rekonstruiert werden, bilden Gegenstände in *Pensjonat* Anlass zur Rekonstruktion von Familiengeschichten. Die Position des Erzählers verwundert hierbei in beiden Werken: Während Pazińskis Ich-Erzähler durch die Unmittelbarkeit eigentlich emotional stärker eingebunden sein könnte, zieht er sich völlig in die beobachtende Rolle zurück. Bei Rudzka vermag es der Erzähler nur zu Beginn, die Ungeheuerlichkeiten einzuordnen und scheint sich vor allem in den letzten Kapiteln des Buches, in denen sich das Trauma in immer kürzeren Abständen wiederholt, gänzlich zurückzuziehen.

Bezüglich der Einordnung in den literaturgeschichtlichen Kontext gilt es festzuhalten, dass die Kinderperspektive in beiden Büchern fortgesetzt wird. Ähnlich wie beispielsweise in Paweł Huelles Werken dient sie zum einen dazu, Bewunderung für die Welt der Erwachsenen oder eine naives Geschichts- und Weltbild darzulegen (wie im Falle Pazińskis). Zum anderen ermöglicht diese Sichtweise eine Legitimation der oftmals für den Rezipienten widersprüchlichen und unverständlichen Darstellungsweise (wie im Falle Rudzkas). Augenfällig scheint in diesem Zusammenhang auch die Bedeutung, die geschlossenen Orten zukommt: Geschlossene Räume strukturieren die kindliche Welt und geben zugleich Halt.[220] Andererseits verhindern sie auch den Blick über die Grenzen des Raumes hinaus, was in beiden Büchern unterschiedliche Gründe haben mag: Frau Czechna erin-

---

[220] Sokołowska, Katarzyna: *I dziś jestem widzem. Narracje dzieci Holokaustu.* Białystok 2010, S. 220.

nert sich in ihren Schilderungen explizit nur an den Sezierraum Doktor Josefs und fokussiert gezielt diesen einen Aspekt des Lagerlebens. Das Geständnis, dass sie sich nach dem Lager sehne, erklärt diesen Sachverhalt: Dort gab ihr die Anwesenheit der Familie den gesuchten Halt, den sie später mit der Bindung an den Arzt zu kompensieren versuchte.

Der Ich-Erzähler in *Pensjonat* löst sich im Verlaufe des Buches von seinem eingeschränkten Blickwinkel und erkennt auch, dass die Welt außerhalb dieses Gästehauses jene ist, in die es ihn auch wieder zurückzieht. Von dieser zu Beginn eher idyllisierten Sicht auf den Ort seiner Kindheit wird abgelassen – nur in den Rückblenden in seine dort verbrachten Kindertage scheinen ihm die beengten Räumlichkeiten Geborgenheit zu geben. Das gezielte Konzentrieren der Erinnerung auf einen Aspekt scheint somit ein Charakteristikum der Kindperspektive zu sein.

Daneben kommt in beiden Werken das Bedürfnis nach Authentizität zum Ausdruck, das in Polen ebenfalls in einer langen Tradition steht. Dies geschieht durch die Situierung der Handlung in realen Orten. Der Entfremdungseffekt, der durch die oftmals irritierenden Erzählstrategien eintritt, wird durch den Rekurs auf das Nicht-Fiktionale gelindert.[221] Barbara Breysach sieht dieses Bestreben der polnischen Holocaustliteratur in der Nähe zu den Tatorten begründet. So schreibt sie über deutsche und polnische Erinnerungsvoraussetzungen beispielsweise: „Das deutsche und das polnische Gedächtnis sind nicht nur unter dem Prisma der Täter- beziehungsweise Opferperspektive zu sehen. Es stellt sich auch die Frage nach der Entfernung, beziehungsweise der Nähe der Tatorte und die der daraus resultierenden Konsequenzen"[222] Hier eröffnet sich ein weiteres Desiderat: Um die These Breysachs zu verifizieren, könnte man die Literatur der im Exil lebenden Juden polnischer Abstammung untersuchen. Gerade zu Beginn des

---

221 Zur Kontrastierung sei an dieser Stelle auf die tschechische Holocaustliteratur jüngsten Datums hingewiesen: Jáchym Topols Erzählung *Chladnou zemí*, 2009, (deutsch u. d. T. *Die Teufelswerkstatt*, 2010) in der der Kampf um die Erinnerung an den Holocaust beschrieben wird, bewegt sich beispielsweise an der Grenze zur Science-Fiction.

222 Breysach 2003: S. 344.

Jahrtausends unternahmen israelische Autoren vielfältige Versuche der Auseinandersetzung, in denen interessanterweise die Topoi Heimat und Sehnsucht nach dem eigenen Ursprungsland thematisiert werden.[223]

Beide Werke stehen in der Tradition der Nicht(er)fassbarkeit (wenngleich diese Formulierung an sich schon ein Oxymoron darstellt) der polnischen Literatur nach 1989. Das Bruchstückhafte findet seinen Ausdruck in ganz augenfälligen Eigenschaften wie den sehr kurzen Abschnitten, die die Bücher unterteilen. Die 130 Seiten umfassende Erzählung *Pensjonat* besitzt 15 Abschnitte, die mehr als doppelt so lange von Zyta Rudzkas 48. Bei letzterer ist insbesondere gegen Ende eine Schwankung im Hinblick auf die Länge der Kapitel festzustellen, die von einer halben Seite bis hin zu zehn Seiten liegt. Die äußere Form des Buches ist ein maßgebliches Stilmittel der posttraumatischen Erzählstrategie.

Auch die eingangs besprochene unkorrekte Erinnerung findet Ausdruck in den Werken: Zyta Rudzka verfolgt mit der Darstellung der Kriegstraumata eine bewusste Provokation. Diese liegt nicht nur in der Analogiebildung, in der sich die überspitzt formulierte Aussage ablesen lässt, dass das Alter in der Gegenwart auch nicht besser ist als die Jugend im Lager. Vor allem in der Umwertung gesellschaftlicher Vorstellungen darüber ‚was sich zu Erzählen gehört', liegt das Provokante. Die Miteinbeziehung von ungewollten, (absichtlich) vergessenen Aspekten dieses Stückes wird in diesem Buch in den Vordergrund gestellt: Die Unschuld der Jugend wird mit Instrumentalisierung und psychischen Devianzen in Verbindung gebracht. Dem gegenüber steht eine Gesellschaft betagter Menschen, die eigentlich durch ihr Schicksal vereint sein müsste, jedoch im Umgang miteinander ein sehr selbstsüchtiges und wenig empathisches Verhalten zeigt: Jedwede Schilderungen Frau Czechnas über ihre Erfahrungen verhallen kommentarlos und es wird kein Versuch unternommen, den Hintergrund der Geltungssucht der Dame zu verstehen. Hierin kommt ein völlig neuer Umgang mit den (fiktiven) Zeugen des Holocaust zum Ausdruck.

---

[223] Cieślak, Tomasz: *W poszukiwaniu ostatecznej tajemnicy. Szkice o polskiej literaturze XX wieku i najnowszej.* Łódź 2000. S. 281.

In diesem Verhaltensmuster ist eine Parallele zu Piotr Pazińskis Buch zu sichtbar, denn auch dort scheint innerhalb der Gruppe die Wunschvorstellung zu gelten, dass die äußere Gemeinsamkeit die Wunden, die aus der inneren Vereinsamung herrühren, heile. Zwar stellen sich die Senioren als letztes Glied in der Kette der jüdischen Geschichte Polens dar, gleichzeitig scheint jeder von seiner eigenen Geschichte so vereinnahmt zu sein, dass für andere Meinungen kein Platz zu existieren scheint. Die häufigen, intensiven, aber ergebnislosen Debatten über den Platz der Juden in der Gesellschaft oder Familiengeschichten beweisen dies. Lediglich die junge Generation bringt das nötige Verständnis und die Geduld auf, den Älteren Gehör zu schenken. Ein Beispiel hierfür gibt es auch bei Rudzka, als eine Pflegerin versucht, mehr über Frau Leokadias Schicksal in Erfahrung zu bringen.

Somit setzen sich beide Werke mit der nicht stattgefundenen Aufarbeitung der Erlebnisgeneration und deren Verdrängungsstrategien auseinander und üben daran Kritik.[224] In den Texten lässt sich auch klare Kritik insbesondere am heutigen Umgang mit Geschichte ablesen: Gerade in Pazińskis Erzählung erscheinen die sich über das Schicksal der Juden im heutigen Polen ereifernden Alten wie Karikaturen. Manche in *Pensjonat* geführte Gespräche lassen den Schluss zu, dass die komplexe Situation der Juden in Polen (vor und nach 1968) mit mehr Eigenbeteiligung im polnisch-jüdischen Dialog anders verlaufen wäre. Auch der bewusste Rückzug der letzten noch Verbliebenen negiert eine Aussicht auf Änderung dieser Lage. Darin mag die ‚Unkorrektheit' des Erinnerns von Piotr Paziński liegen. Auffallend ist, dass der Ich-Erzähler nie zur eigenen Religiosität Position bezieht. Man gewinnt den Eindruck, dass sich die junge jüdischstämmige

[224] Als Beweis dafür, dass auch die Erinnerung an den Holocaust und den Zweiten Weltkrieg in der Volksrepublik Polen nur in gelenkten Bahnen ablaufen durfte, stellen die späten Aufarbeitungen mancher Zeitzeugen dar, die erst nach 1989 eine Möglichkeit sahen, ihre Erinnerungen darzustellen. Wilhelm Dichters (*1935) spätes Romandebüt *Koń Pana Boga* aus dem Jahr 1996 und insbesondere Michał Głowińskis (*1934) *Czarne sezony* von 1998 können als Beispiele dafür gelten. Die Autoren verarbeiten nämlich nicht nur die Kriegsereignisse, sondern auch den ideologisierten und oftmals distanzierten Umgang mit der Erinnerung zu Zeiten der Volksrepublik Polen.

Generation ihrer kulturellen Wurzeln und des Erbes bewusst ist, jedoch im Land und der polnischen Gesellschaft angekommen zu sein scheint. Daher stellt es kein erzählwürdiges Faktum dar, auf die Auslegung und die Praktizierung des Glaubens einzugehen. „Die Juden sind in Polen geblieben. Als Geister und Alpträume."[225] sagte der Autor in einem Interview. Diesem jüdischen ‚Gespenst', das in vielen Köpfen noch existent scheint, sowie der unter Punkt fünf angesprochenen Dichotomie Pole – Jude wird in der Erzählung insgesamt mit viel Ironie begegnet.

Dem gegenüber stehen die platten antisemitischen Äußerungen, wie sie die Hauptfiguren in *Ślicznotka doktora Josefa* erfahren müssen. In den zur Illustration herbeigezogenen Zitaten wurde deutlich, dass die ablehnende Haltung Juden gegenüber insbesondere aus der Unzufriedenheit mit der eigenen materiellen Situation resultiert.

Die Untersuchung hat gezeigt, dass der in den 1980er Jahren einsetzende Bruch mit schematischen Darstellungsweisen eine Weiterführung erfährt. Auffallend ist für die polnische Literatur des 21. Jahrhunderts, dass sich die zweite und dritte Generation von den Narrativen der ersten Generation zunehmend löst und völlig neue Sichtweisen auf die Ereignisse des Zweiten Weltkrieges und den Holocaust bietet. Das fragmentarische Erinnern, das explizit Spielraum für Widersprüche bietet, wird nun interessanterweise auch von Autoren, die nicht in diese Generation gehören, praktiziert. Als Beispiel hierfür sei Hanna Kralls neuestes Werk *Biała Maria* (2011) genannt, das die gleiche unruhige Erzählhaltung aufweist, wie die beiden vorgestellten Werke. Im Zentrum weiterer Forschungen könnte demnach auch ein generationenübergreifender Vergleich lohnenswert sein.

Trotzdem wirft diese Darstellungsform auch Fragen auf. Die zunehmende Abstraktion des Holocaust zieht im Umkehrschluss eine faktische Enthistorisierung und damit einen Wissensverlust nach sich.[226] Als erste Ant-

---

[225] Kaluza 2008: S. 232.

[226] Birkmeyer, Jens: „Thesen über ein zukünftiges Erinnern." In: Astrid Erll und Ansgar Nünning (Hg.): *Gedächtniskonzepte der Literaturwissenschaft. Theoretische*

wort auf diese Problematisierung kann gesagt werden, dass sich die polnische Holocaustliteratur in zweierlei Hinsicht emanzipiert hat: Erstens lässt sie sich nicht von Narrationsmustern der Erlebnisgeneration vereinnahmen und übt sogar erste Kritik am Umgang mit deren Vergangenheitsbewältigung. Sie verzichtet zudem fast gänzlich auf die sonst unumgängliche Darstellung der Deutschen. Zweitens entziehen sich die Werke durch bewusste Fiktionalisierungsstrategien einer Auslegung im Sinne der Geschichtsschreibung. Vergleicht man die erwähnten deutschen und polnischen Rezensionen zu Zyta Rudzkas Veröffentlichung, so wird alleine in der Fokussierung der Rezensenten deutlich, dass sich die polnische Holocaustliteratur dem Thema bereits auf einer anderen Ebene nähern kann: Was in anderen Literaturen als absolutes Tabu behandelt wird, scheint hier schon fast nicht mehr der Rede wert. Daher wäre auch ein Vergleich mit anderen slavischen Literaturen interessant. In dem bereits genannten tschechischen Werk *Chladnou zemí* von Jáchym Topol, das auch ins Deutsche übersetzt wurde und sich – ähnlich wie Rudzkas Buch – durch Schonungslosigkeit auszeichnet, werden erste kritische Reaktionen auf die Vermarktung und Musealisierung des Holocausts geäußert. Dies wäre auch ein Aspekt, den es in der polnischen Literatur noch einmal genauer zu untersuchen gelte.

> Ohne kulturindustrielle Vermittlungen können die Nachgeborenen sich jedoch nicht erinnern. Das was in Auschwitz geschah, droht zusehends hinter dem kulturellen Zeichen „Holocaust“ zu verschwinden. Dies führt nicht allein zu der Frage, wie die Nazizeit und die Shoah moralisch zu beurteilen seien, sondern dazu, wie der Mensch zu sehen ist, seine Auslöschung, sein Leiden, sein Widerstand, sein Erdulden, sein Mitmachen und Wegschauen, sein Fasziniertsein, sein Verdrängen und sein Verzweifeln zu verstehen sei und die Barbarei in der Moderne, ihre Katastrophik, aber auch ihre Faszinationsphantasmen zu denken und zu ertragen sind.[227]

Diese These scheint sehr gut die Situation der polnischen Literatur zu paraphrasieren. In dieser wird die Pluralität der Erinnerungen in den Vorder-

---

Grundlegung und Anwendungsperspektiven. Berlin/New York 2005, S. 229–231, hier S. 230f.

[227] Birkmeyer 2005: S. 229.

grund gerückt und somit eine grundsätzliche Skepsis kollektiver Erinnerung gegenüber ausgedrückt, die immer als homogen und oft als interessengeleitet gewertet werden muss.

Dass der Holocaust in Polen in öffentlichen Bereich von Belang ist und wohl bleiben wird, macht die intensive wissenschaftliche Beschäftigung mit dem Themenfeld, aber auch Neuerscheinungen in der Belletristik deutlich. Zyta Rudzka und Piotr Paziński führen aus literaturgeschichtlicher Sicht gewisse Aspekte (wie die Kinderperspektive oder romantische Erzählstrategien) fort. Gleichzeitig tragen sie mit ihren Werken zur Weiterführung des im Zitat dargelegten Dialoges bei, in dem es nun in erster Linie darum geht, das Verhalten und die Bedingungen des Menschen in der Gegenwart auf dem Hintergrund der Geschichte zu reflektieren.

7. Literaturverzeichnis

PRIMÄRLITERATUR

Paziński, Piotr: *Pensjonat*. 2. Aufl. Warszawa 2010.
Zyta, Rudzka: *Ślicznotka doktora Josefa*. Warszawa 2006.
Zyta, Rudzka, Kinsky Esther (Übers.): *Doktor Josefs Schönste*. Zürich 2009.

MONOGRAPHIEN UND SAMMELBÄNDE

Anz, Thomas: „Inhaltsanalyse." In: Thomas Anz (Hg.): *Handbuch Literaturwissenschaft. Band 2. Methoden und Theorien*. Stuttgart 2007, S. 55–69.

Assmann, Aleida: „Stabilisatoren der Erinnerung – Affekt, Symbol, Trauma." In: Jörn Rüsen und Jürgen Straub (Hg.): *Die dunkle Spur der Vergangenheit. Psychoanalytische Zugänge zum Geschichtsbewusstsein*. Frankfurt am Main 1998, S. 131–152.

Bilewicz, Michał: „Spisek, krew i niewinność." In: Adam Michnik (Hg.): *Przeciw antysemityzmowi 1936-2009. Tom III: Po 1989. Szkic do opisu i diagnozy*. Kraków 2010, S. 992–998.

Birkmeyer, Jens: „Thesen über ein zukünftiges Erinnern." In: Astrid Erll und Ansgar Nünning (Hg.): *Gedächtniskonzepte der Literaturwissenschaft. Theoretische Grundlegung und Anwendungsperspektiven*. Berlin/New York 2005, S. 229–231.

Borodziej, Włodzimierz: „Abschied von der Martyrologie in Polen?" In: Martin Sabrow, Ralph Jessen und Klaus Große Kracht (Hg.): *Zeitgeschichte als Streitgeschichte. Große Kontroversen nach 1945*. München 2003, S. 288–305.

Breysach, Barbara: „Intellektuelle Zeugenschaft und die Erfahrung der Überlebenden. Bemerkungen zur polnischen Literatur der Shoah.“ In: Walter Schmitz (Hg.): *Erinnerte Shoah. Die Literatur der Überlebenden*. Dresden 2003, S. 338–355.

Cieślak, Tomasz: *W poszukiwaniu ostatecznej tajemnicy. Szkice o polskiej literaturze XX wieku i najnowszej*. Łódź 2000.

Czapliński, Przemysław: *Polska do wymiany. Późna nowoczesność i nasze wielkie narracje*. Warszawa 2009.

Damir-Geilsdorf, Sabine; Hendrich, Béatrice: „Orientierungsleistungen räumlicher Strukturen und Erinnerung, heuristische Potenziale einer Verknüpfung der Konzepte Raum, mental maps und Erinnerung.“ In: Sabine Damir-Geilsdorf, Angelika Hartmann und Béatrice Hendrich (Hg.): *Mental Maps – Raum – Erinnerung. Kulturwissenschaftliche Zugänge zum Verhältnis von Raum und Erinnerung*. Münster 2005, S. 25–48.

Eisler, Jerzy: *Rok 1968*. Warszawa 2006.

Erll, Astrid: „Literatur als Medium des kollektiven Gedächtnisses.“ In: Astrid Erll und Ansgar Nünning (Hg.): *Gedächtniskonzepte der Literaturwissenschaft. Theoretische Grundlegung und Anwendungsperspektiven*. Berlin/New York 2005, S. 249–276.

Fanti, Silvano de: „Rozdział XII. Od roku 1956 do końca wieku.“ In: Luigi Marinelli (Hg.): *Historia Literatury Polskiej*. Wrocław 2009, S. 364–414.

Feuchert, Sascha: *Oskar Rosenfeld und Oskar Singer: Zwei Autoren des Lodzer Gettos*. Frankfurt am Main 2004.

Gosk, Hanna: „Zmiany w rozumieniu oraz prezentacji historii w polskiej prozie 2. połowy XX wieku o tematyce współczesnej.“ In: Mieczysław Dąbrowski und Tomasz Wójcik (Hg.): *Dwudziestowieczność*. Warszawa 2004, S. 145–157.

Jamrozek-Sowa, Anna: „Wojna raz jeszcze. Obrazy II wojny światowej w prozie lat dziewięćdziesiątych.“ In: Tomasz Cieślak und Krystyna Pietrych (Hg.): *Literatura polska 1990-2000. Tom II*. Kraków 2002, S. 88–110.

Janiak, Agnieszka: „Dydaktyzm współczesnej prozy polskiej stylizowanej na autobiografię.“ In: Beata Gontarz und Małgorzata Krakowiak (Hg.): *Świat przez pryzmat „ja“*. Katowice 2006, S. 208–215.

Jarzębski, Jerzy: *Apetyt na przemianę. Notatki o prozie współczesniej*. Kraków 1997.

Kaczmarek, Michał: „Wokół prozy pamięci (zarys problematyki).“ In: Elżbieta Dąbrowska und Adela Pryszczewska-Kozołub (Hg.): *Człowiek i czas. Studia i szkice o literaturze współczesnej*. Opole 2002, S. 119–128.

Kaluza, Andrzej: „Antisemitismus in Polen. Ein Gespräch mit Piotr Paziński, Chefredakteur von ‚Midrasz‘, Warschau.“ In: *Ost-West. Europäische Perspektiven* 3/2008, S. 230–232.

Kaniewska, Bogumiła: „Nurt żydowski w prozie polskiej po roku 1956.“ In: Anna Skoczek (Hg.): *Historia literatury polskiej. Tom IV: Literatura współczesna*. Warszawa 2008, S. 476–488.

Kaniewska, Bogumiła: „Proza lat 1939-1956.“ In: Anna Skoczek (Hg.): *Historia literatury polskiej. Tom IV: Literatura współczesna*. Warszawa 2008, S. 143–157.

Karwowska, Bożena: *Ciało. Seksualność. Obozy zagłady*. Kraków 2009.

Kosmala, Beate: „Die ‚jüdische Frage‘ als politisches Instrument in der Volksrepublik Polen.“ In: Beate Kosmala (Hg.): *Die Vertreibung der Juden aus Polen 1968*. Berlin 2000, S. 49–64.

Kowalska-Leder, Justyna: *Doświadczenie zagłady z perspektywy dziecka w polskiej literaturze dokumentu*. Wrocław 2009.

Krawczyńska, Dorota: „Literaturoznawstwo wobec piśmiennictwa o Zagładzie.“ In: Przemysław Czapliński und Ewa Domańska (Hg.): *Zagłada. Współczesne problemy rozumienia i przedstawiania*. Poznań 2009, S. 131–139.

Krzemiński, Ireneusz: „„Neuer‘oder ‚alter‘ Antisemitismus? Anmerkungen auf der Grundlage soziologischer Untersuchungen in Polen und der Ukraine.“ In: Bernd Kauffmann und Basil Kerski (Hg.): *Antisemitismus und Erinnerungskulturen im postkommunistischen Europa*. Osnabrück 2006, S. 53–74.

Kunz, Tomasz: „Rzeczywistość nieprzedstawiona albo o przeszłości pewnego złudzenia." In: Dariusz Nowacki und Krzysztof Uniłowski (Hg.): *Dwadzieścia lat literatury polskiej 1989-2009. Tom 1.* Katowice 2010, S. 13–26.

Langer, Daniela: „Autobiografie." In: Thomas Anz (Hg.): *Handbuch Literaturwissenschaft. Band 2. Methoden und Theorien.* Stuttgart 2007, S. 179–187.

Łebkowska, Anna: *Empatia. O literackich narracjach przełomu XX i XXI wieku.* Kraków 2008.

Legeżyńska, Anna: „Literatura polska po roku 1989 wobec uniwersum tradycji." In: Bogusław Bakuła (Hg.): *Transformacja w kulturze i literaturze polskiej 1989-2004.* Poznań 2007, S. 11–51.

Lotman, Jurij M.: *Die Struktur literarischer Texte.* 4. Aufl. München 1993.

Majchrowski, Zbigniew: „Ante portas." In: Zbigniew Majchrowski und Wojciech Owczarski (Hg.): *Wojna i postpamięć.* Gdańsk 2011, S. 9–13.

Marszałek, Magdalena: „Anamnesen. Explorationen des Gedächtnisses in der gegenwärtigen polnischen Literatur und Kunst (eine intermediale Perspektive)." In: Magdalena Marszałek und Alina Molisak (Hg.): *Nach dem Vergessen. Rekurse auf den Holocaust in Ostmitteleuropa nach 1989.* Berlin 2010, S. 161–179.

Meyer, Urs: „Stilistische Textmerkmale." In: Thomas Anz (Hg.): *Handbuch Literaturwissenschaft. Band 1. Gegenstände und Grundbegriffe.* Stuttgart 2007, S. 81–110.

Molisak, Alina: „Schreiben im Auftrag der Toten. Mediumistische Erzählstrategien in der polnischen Literatur." In: Magdalena Marszałek und Alina Molisak (Hg.): *Nach dem Vergessen. Rekurse auf den Holocaust in Ostmitteleuropa nach 1989.* Berlin 2010, S. 181–196.

Molisak, Alina: „Figures of Memory. Polish Holocaust Literature of the ‚Second Generation'." In: Dorota Glowacka und Joanna Zylinska (Hg.): *Imaginary Neighbors. Mediating the Polish-Jewish Relations after the Holocaust.* Lincoln/London 2007, S. 205–222.

Nasiłowska, Anna: „Literatura po 1989 roku – Czy czas na podsumowania?“ In: Dariusz Nowacki und Krzysztof Uniłowski (Hg.): *Dwadzieścia lat literatury polskiej 1989-2009. Tom 1.* Katowice 2010, S. 53–60.

Nasiłowska, Anna: *Literatura okresu przejściowego.* Warszawa 2006.

o. A.: „Holocaustu literatura.“ In: Wydawnictwo Naukowe PWN (Hg.): *Literatura Polska. Epoki literackie, prądy i kierunki, dzieła i twórcy.* Warszawa 2007, S. 256–258.

o. A.: „Stara kobieta, starzejąca się kobieta.“ In: Dorota Nasowska (Hg.): *Słownik motywów literackich.* Bielsko-Biała 2004, S. 454–462.

o. A.: „Stichwort: Eisenbahn/Lokomotive/Zug.“ In: Günter Butzer und Joachim Jacob (Hg.): *Lexikon literarischer Symbole.* Stuttgart [u. a.] 2008.

Reiter, Andrea: „The Holocaust as seen through the Eyes of Children.“ In: Andres Leak und George Paizis (Hg.): *The Holocaust and the Text.* Houndmills [u. a.] 2000, S. 83–96.

Ruchniewicz, Krzysztof: *Noch ist Polen nicht verloren. Das historische Denken der Polen.* Berlin 2007.

Schlott, Wolfgang: *Polnische Prosa nach 1990. Nostalgische Rückblicke und Suche nach neuen Identifikationen.* Münster 2004.

Schmid, Wolf: „Erzähltextanalyse.“ In: Thomas Anz (Hg.): *Handbuch Literaturwissenschaft. Band 2. Methoden und Theorien.* Stuttgart 2007, S. 98–120.

Sokołowska, Katarzyna: *I dziś jestem widzem. Narracje dzieci Holokaustu.* Białystok 2010.

Świda-Ziemba, Hanna: „Hańba obojętności.“ In: Adam Michnik (Hg.): *Przeciw antysemityzmowi 1936–2009. Tom III: Po 1989. Szkic do opisu i diagnozy.* Kraków 2010, S. 143–155.

Tych, Feliks: „Potoczna świadomość Holokaustu w Polsce – jej stan i postulaty edukacyjne.“ In: Przemysław Czapliński und Ewa Domańska (Hg.): *Zagłada. Współczesne problemy rozumienia i przedstawiania.* Poznań 2009, S. 41–53.

Tych, Feliks: „Obraz zagłady żydów w potocznej świadomości historycznej w Polsce." In: Adam Michnik (Hg.): *Przeciw antysemityzmowi 1936–2009. Tom III: Po 1989. Szkic do opisu i diagnozy*. Kraków 2010, S. 122–142.

Ubertowska, Aleksandra: „Die Shoah anders erzählt. Autobiographische Zeugnisse von Frauen in der polnischen Literatur." In: Magdalena Marszałek und Alina Molisak (Hg.): *Nach dem Vergessen. Rekurse auf den Holocaust in Ostmitteleuropa nach 1989*. Berlin 2010, S. 197–218.

Ubertowska, Aleksandra: *Świadectwo – trauma – głos. Literackie reprezentacje Holokaustu*. Kraków 2007.

Wolski, Paweł: „Proszę Państwa na Umschlagplatz. Narrator Borowskiego a współczesne przekształcenia polskiej dyskuzji wokół doświadczenia wojny." In: Arleta Galant und Inga Iwasiów (Hg.): *20 lat literatury polskiej. Idee, ideologie, metodologie*. Szczecin 2008, S. 251–265.

Young, James E.: *Writing and Rewriting the Holocaust. Narrative and the Consequences of Interpretation*. Bloomington/Indianapolis 1988.

Zalewski, Cezary: „Czytanie obrazu. Motyw fotografii w prozie ostatniej dekady." In: Tomasz Cieślak und Krystyna Pietrych (Hg.): *Literatura polska 1990-2000. Tom II*. Kraków 2002, S. 394–420.

Ziębińska-Witek, Anna: *Holocaust. Problemy przedstawiania*. Lublin 2005.

Ziębińska-Witek, Anna: „Problemy reprezentacji Holokaustu." In: Przemysław Czapliński und Ewa Domańska (Hg.): *Zagłada. Współczesne problemy rozumienia i przedstawiania*. Poznań 2009, S. 141–154.

Zymner, Rüdiger: „Texttypen und Schreibweisen." In: Thomas Anz (Hg.): *Handbuch Literaturwissenschaft. Band 1. Gegenstände und Grundbegriffe*. Stuttgart 2007, S. 25–80.

ZEITUNGEN UND ZEITSCHRIFTEN

Błonski, Jan: „Bezładne rozważania starego krytyka, który zastanawia się, jak napisałby historię prozy polskiej w latach istnienia Polski Ludowej." In: *Teksty Drugie* 1/1991, S. 5–24.

Hirsch, Marianne: „The Generation of Postmemory." In: *Poetics Today* 1/2008, S. 103–128.

Kaluza, Andrzej: „Antisemitismus in Polen. Ein Gespräch mit Piotr Paziński, Chefredakteur von "Midrasz", Warschau." In: *Ost-West. Europäische Perspektiven* 3/2008, S. 230–232.

Kozłowska, Dominika: „Po co nam Gross?" In: *Znak* 3/2011, S. 10–15.

Pfohlmann, Oliver: „Doktor Josefs Schönste und die Schrecken von Auschwitz." In: *Frankfurter Allgemeine Zeitung* vom 13.12.2010, S. 28.

Quercioli-Mincer, Laura: „‚Nie będziemy się więcej bać ludzi?' Powrót po Zagładzie w literaturze polsko-żydowskiej." In: *Kwartalnik Historii Żydów* 2/2007, S. 199–225.

Ricoeur, Paul: „Nadużycia pamięci naturalnej: pamięć powstrzymana, pamięć manipulowana." In: *Konteksty. Polska sztuka ludowa* 1-2/2003, S. 41–54.

Szwarcmann-Czarnota, Bella: „Als Jüdin in Polen – Die Landschaft nach der Schoah." In: *Ost-West. Europäische Perspektiven* 3/2008, S. 187–195.

Tippner, Anja: „‚Existenzbeweise'. Erinnerung und Trauma nach dem Holocaust bei Henryk Grynberg, Wilhelm Dichter und Hanna Krall." In: *Osteuropa* 1/2004, S. 57–74.

Turczyn, Anna: „Autofikcja, czyli autobiografia psychopolifoniczna." In: *Teksty Drugie* 1-2/2007, S. 204–211.

Zimniak, Paweł: „Geschichte und Literatur. Zum Problem eines geschichtlichen Ereignisses in der Literatur." In: *Convivium. Germanistisches Jahrbuch Polen* 1999, S. 9–22.

Feinstein, Stephen C.: „Zbigniew Libera's Lego Concentration Camp: Iconoclasm in Conceptual Art About the Shoah.“ In: *Other Voices* 1/2000. Online verfügbar unter http://www.othervoices.org/2.1/feinstein/auschwitz.php, zuletzt geprüft am 23.10.2011.

Główny urząd statystyczny: *Mały rocznik statystyczny 2011*. Online verfügbar unter http://www.stat.gov.pl/gus/5840_737_PLK_HTML.htm, zuletzt geprüft am 29.10.2011.

Himka, John Paul: *War Criminality: A Blank Spot in the Collective Memory of the Ukrainian Diaspora*. Online verfügbar unter http://ualberta.academia.edu/JohnPaulHimka/Papers/492281/War_Criminality_A_Blank_Spot_in_the_Collective_Memory_of_the_Ukrainian_Diaspora, zuletzt geprüft am 22.09.2011.

Instytut Adama Mickiewicza: *Zyta Rudzka*. Online verfügbar unter http://www.culture.pl/baza-literatura-pelna-tresc//eo_event_asset_publisher/eAN 5/content/zyta-rudzka, zuletzt geprüft am 02.09.2011.

Internationales Literaturfestival Berlin: *Piotr Paziński*. Online verfügbar unter http://www.literaturfestival.com/teilnehmer/autoren/2011/piotr-pazinski, zuletzt geprüft am 27.09.2011.

Kęczkowska, Beata: *Pensjonat zapamiętany przez dziecko*. Online verfügbar unter http://warszawa.gazeta.pl/warszawa/1,34861,6810473,Pensjonat_zapamietany_przez_dziecko.html#ixzz1Dx8qInsy, zuletzt geprüft am 18.08.2011.

Machcewicz, Paweł: *Der Posener Juni und der polnische Oktober 1956*. Online verfügbar unter http://www.zeitgeschichte-online.de/portals/_ungarn1956/documents/machcewicz_posen.pdf, zuletzt geprüft am 15.10.2011.

Smoleński, Paweł: *Ślicznotka doktora Josefa*. Online verfügbar unter http://wyborcza.pl/1,75517,3460002.html, zuletzt geprüft am 18.08.2011.

Sobolewska, Justyna: *Już nie ma kogo zapytać. Rozmowa z Piotrem Pazińskim*. Online verfügbar unter http://www.polityka.pl/paszportypolit

yki/rozmowy/1502729,1,rozmowa-z-piotrem-pazinskim.read, zuletzt geprüft am 14.08.2011.

Stolzmann, Uwe: *Miss Auschwitz, nackt, vor Doktor Mengele.* Online verfügbar unter http://www.nzz.ch/nachrichten/kultur/buchrezensionen /miss_auschwitz_nackt_vor_doktor_mengele_1.2609722.html, zuletzt geprüft am 18.08.2011.

MANUSKRIPTE

Röger, Maren: „Zwischen nationaler Sinnstiftung, Mythendekonstruktion und Sprachlosigkeit: Geschichtsbilder im polnischen Spielfilm seit 1989." Erscheint in: Schamma Schahadat, Konrad Klejsa und Margarete Wach: *Der polnische Film.* Marburg vorauss. 2012, 23 Seiten.

Abonnement

Hiermit abonniere ich die Schriftenreihe **Literatur und Kultur im mittleren und östlichen Europa** (ISSN 2195-1497), herausgegeben von Prof. Dr. Reinhard Ibler,

❒ ab Band # 1
❒ ab Band # ___
   ❒ Außerdem bestelle ich folgende der bereits erschienenen Bände:
   #___, ___, ___, ___, ___, ___, ___, ___, ___, ___, ___

❒ ab der nächsten Neuerscheinung
   ❒ Außerdem bestelle ich folgende der bereits erschienenen Bände:
   #___, ___, ___, ___, ___, ___, ___, ___, ___, ___, ___

❒ 1 Ausgabe pro Band ODER ❒ ___ Ausgaben pro Band

Bitte senden Sie meine Bücher zur versandkostenfreien Lieferung innerhalb Deutschlands an folgende Anschrift:

Vorname, Name: ______________________________

Straße, Hausnr.: ______________________________

PLZ, Ort: ______________________________

Tel. (für Rückfragen): ______________ *Datum, Unterschrift:* ______________

Zahlungsart

❒ *ich möchte per Rechnung zahlen*

❒ *ich möchte per Lastschrift zahlen*

bei Zahlung per Lastschrift bitte ausfüllen:

Kontoinhaber: ______________________________

Kreditinstitut: ______________________________

Kontonummer: ______________ Bankleitzahl: ______________

Hiermit ermächtige ich jederzeit widerruflich den ***ibidem***-Verlag, die fälligen Zahlungen für mein Abonnement der Schriftenreihe **Literatur und Kultur im mittleren und östlichen Europa** von meinem oben genannten Konto per Lastschrift abzubuchen.

Datum, Unterschrift: ______________________________

Abonnementformular entweder **per Fax** senden an: **0511 / 262 2201** oder 0711 / 800 1889
oder als **Brief** an: ***ibidem***-Verlag, Leuschnerstr. 40, 30457 Hannover oder
als e-mail an: ibidem@ibidem-verlag.de

***ibidem*-Verlag**
Melchiorstr. 15
D-70439 Stuttgart
info@ibidem-verlag.de

www.ibidem-verlag.de
www.ibidem.eu
www.edition-noema.de
www.autorenbetreuung.de

Zeitfracht Medien GmbH
Ferdinand-Jühlke-Straße 7
99095 Erfurt, Deutschland
produktsicherheit@kolibri360.de